»Wusstet ihr, dass der **Plastikmüll in unseren Weltmeeren** zu einem großen Teil aus alten Fischernetzen besteht? Ich habe mit mutigen Tauchern gesprochen, die diese Netze aus dem Wasser holen. Außerdem habe ich herausgefunden, dass man daraus viele neue Sachen herstellen kann – Teppiche, Kleidung, Taschen oder Schmuck. Schaut doch mal auf Seite 22.«

Annika, Heftredakteurin

»Ich finde so gern gebrauchte Dinge! Das g… am besten auf dem **Flohm… oder im Gebrauchtwarenk…** Klar war ich da begeistert, als ich bei der Bildrecherche für dieses Heft erfahren habe, dass es in Schweden sogar ein ganzes Einkaufszentrum gibt, das nur tolle gebrauchte Sachen anbietet. Mehr darüber erfahrt ihr auf Seite 54.«

Nele, Bildredakteurin

HALLO!

»Ich kann zaubern – jedenfalls ein bisschen! Und ich brauche dafür auch keinen Stab, sondern einen Kochlöffel: Für das Heft wollte ich testen, ob sich Lebensmittelreste in leckere Snacks verwandeln lassen – etwa **Matschbananen in Knusperkekse**. Geholfen haben mir mein Sohn Carlo und sein Kumpel Emil. Unser Fazit: Klappt und schmeckt erstaunlich gut! Die Rezepte findet ihr ab Seite42.«

Nicole, Autorin

Annika, Simone, Amin, Nadine, Nele, Jan und Nicole vom **GEOlino-EXTRA-Team** sind für euch ins Thema Upcycling eingestiegen – buchstäblich

SCHREIBT UNS!

Wie gefällt euch die neue Ausgabe? Wir freuen uns über Lob, Kritik und Anregungen – per Mail an: briefe@geolino.de

GEOlino EXTRA Titel: Maren Schabhüser für GEOlino EXTRA; Fotos: privat (6); Ulrike Schacht; imago (2); shutterstock (2)

INHALT

Mehr von GEOlino ...

... bekommt ihr in unserem Podcast auf die Ohren. Der erscheint jeden Mittwoch auf **geolino.de/podcast** und überall dort, wo es Podcasts gibt.

... findet ihr auch im Netz:

GEOlino EXTRA Fotos: Alamy (l. o. l.); Ocean Voyages Institute (l. m. o.); Maren Schabhüser (l. m. u.); Vintage Germany (l. r. m.); Julia Hörsch (r. l. o.); Dirk Knofe (r. l. u.); Janet Große (r. m. m.); Melanka Helms (r. m. u.); Project Wings (r. r. o.); Manuel Kilger (r. r. m.); shutterstock

Schätze aus Schrott

Ob kaputte Fernseher, Altglas oder Plastikflaschen: In unserem Müll stecken kostbare **Rohstoffe**. Vieles davon recyceln wir deshalb. Wer upcycelt, geht noch einen Schritt weiter und schafft aus Abfall wahre Schmuckstücke. Seht selbst …

— Text: Heiko Kammerhoff

Elektroschrott

Zweites Leben

Ein Smartphone nutzen viele kaum länger als zwei oder drei Jahre. Auch bei Fernsehern und Kühlschränken muss der Stecker irgendwann endgültig gezogen werden. Dabei enthalten die alten Geräte kostbare **Metalle** wie Kupfer und Gold. Der Gesetzgeber hat deshalb den Handel zur Rücknahme verpflichtet. Viele Hersteller freuen sich und verwerten die Rohstoffe wieder – so funktioniert klassisches Recycling. Kreative Köpfe hingegen stellen aus Elektroschrott **Skulpturen** wie diesen Elefanten her. Andere schmieden aus Computerteilen Ohrringe (mehr dazu auf Seite 52). Auch wenn man mit denen nicht mehr im Netz surfen kann: Schick aussehen tun sie allemal!

Plastikmüll

Tragfähiges Modell

Leinen los! Diese fünf Tüftler aus Tschechien wollten mit ihrem **Tretboot** größtmögliche Aufmerksamkeit einfahren und bei einer fast 1000 Kilometer langen Tour auf der Elbe von Nymburk nach Hamburg gegen die Vermüllung der Weltmeere protestieren. Die „Petburg" ist nämlich aus 5000 Plastikflaschen gebaut. Leider musste die Crew bereits an der deutschen Grenze stoppen. Ohne Bootsführerschein wollten die Behörden die Männer nicht weiterfahren lassen. Ihr eigentliches Ziel haben die Umweltschützer trotzdem erreicht: Zeitungen in ganz Europa berichteten von ihrem **Abenteuer**. Und der eine oder die andere lässt in Zukunft vielleicht die Finger von Plastikflaschen …

GEOlino EXTRA Foto: Reuters

Altmetall

Büros mit Bullaugen

Häuser zu bauen verschlingt Unmengen an Rohstoffen und Energie. Manche Architektinnen und Architekten überlegen sich deshalb, wie sie bereits vorhandene **Materialien** dafür nutzen können. In den Londoner Docklands haben sie besonders hoch gestapelt – mit ausgedienten Schiffscontainern aus Metall. Diese dienen nun als Büros. Andere Designer und Designerinnen dämmen Ruinen, verpassen ihnen neue Fenster und verwandeln sie so in moderne **Luxusbehausungen**. Es geht aber auch viel einfacher: indem man zum Beispiel aus alten Brettern ein Baumhaus zimmert.

GEOlino EXTRA Foto: imago

Altkleider

Schick wie ein Turnschuh

Was heute als hip gilt, kann morgen schon wieder out sein. Also produzieren Modefirmen jedes Jahr immer neue, immer billigere **Klamotten**. Viele trendige Teile verstauben erst im Schrank und dann im Altkleider-Container. Das muss nicht sein, dachte sich zum Beispiel der Hamburger Künstler Martin Olomi. Er repariert getragene **Sneaker**, malt bunte Motive darauf und macht sie so zu einzigartigen Stücken. Auch bekannte Marken haben das Thema Nachhaltigkeit entdeckt, motzen ihre Kollektionen mit Altkleidern auf oder bieten Secondhand-Ware an – Jacken, Hosen, Pullis und Mäntel aus zweiter Hand.

Altglas

Glänzende Idee

Als Verpackung für Limo oder Marmelade eignet sich Glas prima – aber was, wenn es leer ist? **Getränkeflaschen** werden im besten Fall gesammelt, gereinigt und wieder befüllt, Marmeladengläser zumindest recycelt, also eingeschmolzen und zu neuen Glasverpackungen geformt. Ein buddhistischer **Mönch** aus dem thailändischen Khum Han hatte vor 44 Jahren noch eine ganz andere Idee: Er ärgerte sich so sehr über arglos weggeworfene Bierflaschen, dass er sie einsammelte und daraus den »Tempel der Millionen Flaschen« baute. Der Name ist Programm: Die Anlage besteht mittlerweile aus rund 1,5 Millionen Pullen.

START-BLOCK

Die wichtigsten Fakten vorweg

MÜLL

— Text: Annika Sartor

GEOlino EXTRA Fotos: Mario Weigt/Anzenberger (l.); shutterstock (r.)

ÜBERBLICK

Geschichte

Müll ist so alt wie die Menschheit, aber unsere **Vorfahren** warfen andere und viel weniger Dinge weg als wir heute. In den ersten Dörfern bauten die Menschen ihr Essen selbst an. Was sie besaßen, war oft selbst gemacht und wurde wiederverwertet. Sogar der Inhalt des Plumpsklos wurde benutzt – als Dünger. Übrig blieben höchstens Knochen, Scherben und ein paar Lederreste. Noch im **Mittelalter** kippte man seinen Abfall einfach auf die Straße – eigentlich kein Problem, denn der „Biomüll" wurde von Tieren gefressen oder vergammelte. Allerdings tummelten sich neben Ungeziefer auch Krankheitserreger im Abfall. Er musste dringend vernünftig entsorgt werden! Die erste Müllabfuhr entstand hierzulande trotzdem erst vor rund 130 Jahren. Zunächst fuhren Pferdewagen durch die Städte und holten den Dreck ab. Ein paar Jahrzehnte später waren es Müllautos, wie wir sie heute kennen. Und die müssen immer mehr Ladung schlucken: Seit viele Produkte in **Fabriken** hergestellt werden, verpackt man sie in Papier, Blechdosen und inzwischen auch Plastik. Das alles landet schließlich im Müll. Doch im Gegensatz zum meisten Abfall von einst verrotten Metall und **Kunststoffe** nicht. Dazu kommt: In vielen Gegenden der Welt können sich die Menschen immer mehr leisten und schmeißen darum auch immer mehr weg. Heutzutage ist Müll ein weltweites Problem und wirklich nahezu überall zu finden – selbst in der Tiefsee, auf dem höchsten Berggipfel und sogar auf dem Mond!

Müll weltweit

Zusammen verursachen die Menschen weltweit jedes Jahr rund zwei Milliarden Tonnen **Siedlungsabfall** – so nennt man Müll, der in der Industrie, in Geschäften und bei uns zu Hause anfällt. Die Menge entspricht der Ladung von 200 Millionen Müllwagen, die aneinandergereiht 50 Mal um die Erde reichen. Weil die Weltbevölkerung wächst, wird diese **Müllmenge** bis zum Jahr 2050 vermutlich sogar auf 3,4 Milliarden Tonnen pro Jahr steigen! Dabei gibt es große Unterschiede: Der meiste Abfall stammt aus reichen Ländern. Obwohl in diesen Industriestaaten nur 16 Prozent der Weltbevölkerung leben, entsteht dort knapp die Hälfte des weltweiten Mülls! In den ärmsten **Staaten**, den Entwicklungsländern, verursachen die Menschen durchschnittlich dreimal weniger Abfall.

So viel Müll macht jeder Einwohner pro Jahr*

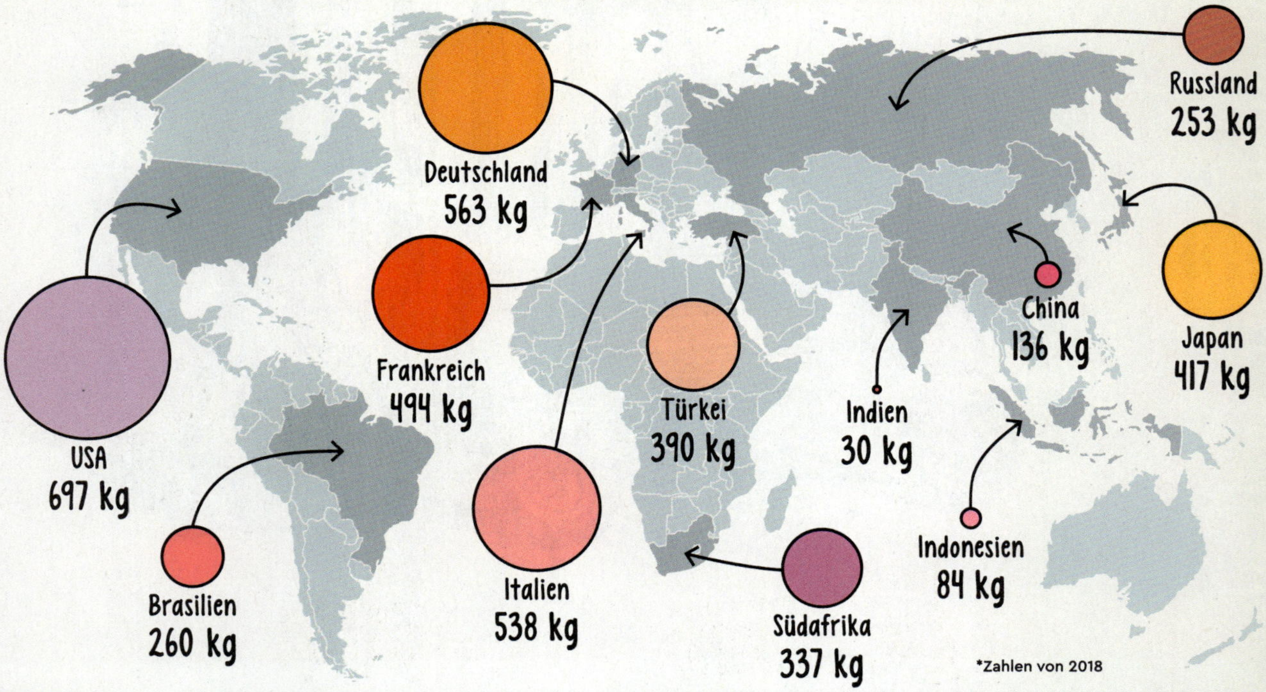

*Zahlen von 2018

Müll in Deutschland

Bauschutt

Der Großteil des Mülls entsteht nicht im Haushalt, sondern durch **Gebäude** selbst. Er fällt auf Baustellen an, wenn Häuser abgerissen oder umgebaut werden. Jährlich sind das hierzulande rund 228 Millionen Tonnen – mehr als die Hälfte des gesamten deutschen Abfalls.

Bergbau, Industrie, Gewerbe

Um Rohstoffe wie Kohle aus dem Boden zu fördern, fällt schon im Bergbau Abfall an. Noch mehr kommt in **Fabriken** und Geschäften zusammen, wo Produkte hergestellt oder verkauft werden. Insgesamt sind es jährlich 83,8 Millionen Tonnen.

Haushaltsabfälle

So bezeichnet man den Müll, den wir bei uns zu Hause erzeugen – im Jahr 2018 waren es knapp 38 Millionen Tonnen oder umgerechnet 455 Kilogramm pro Einwohner. Jeder Haushalt zahlt eine Gebühr dafür, dass die **Müllabfuhr** kommt und die Mülltonnen und -container mit unserem Abfall ausleert. Was alles zum Hausmüll gehört, seht ihr unten.

Elektroschrott

In Elektrogeräten wie Fernsehern, Toastern, Computern oder Handys stecken nicht nur wertvolle Metalle, sondern auch Schadstoffe. Wer ein Gerät entsorgen will, muss es deshalb in **Sammelstellen** abgeben – oder dort, wo man es gekauft hat, also beim Händler. Im Jahr 2018 sind in Deutschland so 1,75 Millionen Tonnen Elektroschrott zusammengekommen.

Textilien

Alte Kleidung, Bettwäsche oder Tischdecken landen meist in Sammelcontainern von Hilfsorganisationen oder **Kleiderkammern**. Etwa eine Million Tonnen Altkleider kommen dort jährlich zusammen.

Haushaltsmüll pro Person*

*Zahlen von 2018

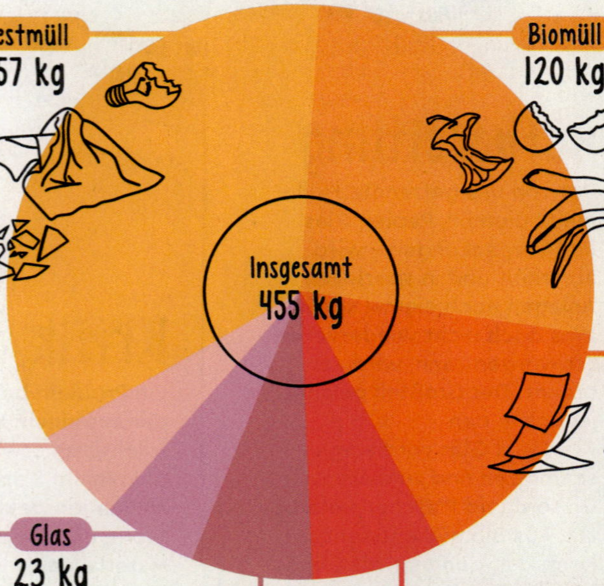

Restmüll 157 kg

Abfall, den man nicht wiederverwerten kann, gehört in den Restmüll. Dazu zählen zum Beispiel Staubsaugerbeutel, Tierstreu, kaputte Glühbirnen oder Hygieneartikel wie Windeln und benutzte Papiertaschentücher.

Biomüll 120 kg

In die grüne Tonne gehören unter anderem Essensreste, Eierschalen, Teebeutel oder altes Brot, aber auch Abfälle aus Gärten und Parks wie Laub oder Rasenschnitt.

Papier/Pappe 67 kg

Kartons, Pappe und Papier entsorgen wir über die blaue Tonne oder Altpapiercontainer.

Sonstiges 24 kg

Glas 23 kg

Hierzu gehören leere Flaschen und andere Verpackungen aus Einwegglas.

Sperrmüll 31 kg

Typischer Sperrmüll sind aussortierte Möbel, Teppiche oder Matratzen – also Abfall, der in keine Tonne passt.

Verpackungsmüll 33 kg

In der gelben Tonne oder dem Gelben Sack landen etwa Konservendosen, Joghurtbecher oder Shampooflaschen aus Kunststoff.

RECYCLING

Ein großer Teil unseres Mülls wird hierzulande getrennt gesammelt, aufbereitet und wiederverwertet, also noch einmal benutzt. Diesen Vorgang nennt man Recycling. Aus dem Englischen übersetzt bedeutet das so viel wie „wieder in den Kreislauf zurückbringen“. Das ist doppelt sinnvoll: Der Abfall muss auf diese Weise nicht entsorgt werden. Und man spart wertvolle Rohstoffe wie Holz, Metalle oder Erdöl, die es nur in einem begrenzten Umfang auf der Erde gibt. Wird etwa Papier nicht recycelt, muss man Bäume fällen, um daraus neues herzustellen.

Regeln

Recycling-Gesetze und Regeln für die Mülltrennung gibt es in Deutschland seit den 1970er-Jahren. Nach und nach wurden extra Tonnen für bestimmte Arten von Müll eingeführt. In die gelbe Tonne gehören zum Beispiel alle Verpackungen, die mit dem Grünen Punkt oder dem Kreislaufzeichen markiert sind (unten abgebildet). Zuletzt kam im Jahr 2015 die grüne Biotonne dazu. Dank dieser Regeln fürs **Sortieren** werden inzwischen rund zwei Drittel unseres Abfalls recycelt!
Für die Zukunft haben Politiker und Politikerinnen noch höhere Recycling-Quoten festgelegt. Übrigens: Wer sich in Deutschland nicht an die Mülltrennung hält, riskiert, dass die Müllabfuhr seine Tonnen stehen lässt. Manchmal drohen sogar Geldstrafen.

Grüner Punkt

Kreislaufzeichen

Wer sich nicht an die Mülltrennung hält, riskiert ein Bußgeld von 10 bis 50 Euro – Wiederholungstäter bis zu 5000 Euro

Aufbereitung

Der von uns getrennte Müll – meist Biomüll, Papier, Glas und Verpackungen – wird abgeholt und in speziellen Anlagen noch einmal sortiert. Was doch nicht wiederverwertet werden kann, wird verbrannt. Der Großteil gelangt jedoch in den **Recycling-Kreislauf**: Glas wird eingeschmolzen und zu neuen Gläsern und Flaschen verarbeitet. Aus Biomüll entsteht Kompost, den man als Dünger verwenden kann. Papier weicht in einem Wasserbad auf. Anschließend wird der Brei gebleicht, geglättet, getrocknet und zu neuem Papier ausgewalzt. Auch Plastikverpackungen kommen wieder in den Umlauf – zum Beispiel geschreddert, geschmolzen und ausgerollt als Folie.

Die Materialien, die am häufigsten recycelt werden, sind Metall (92 Prozent), Papier (88 Prozent) und Glas (83 Prozent)

Das Geschäft mit Müll und Recycling wächst: Rund 200 000 Menschen in Deutschland verdienen bereits ihr Geld damit

Kritik

Ein Problem beim Recycling ist Müll, der aus einem Material-Mix besteht. Bei Milchtüten etwa sind Schichten aus Aluminium, Pappe und Plastik untrennbar aneinandergeklebt. So lassen sich die Stoffe nicht wiederverwerten. Viele Materialien kann man zudem nicht beliebig oft recyceln. Die häufigste Kritik aber lautet: Die **Mülltrennung** ist in Deutschland nicht einheitlich geregelt und zu kompliziert. Schätzungsweise die Hälfte des Abfalls landet in falschen Tonnen. Das verzerrt die Recycling-Zahlen, denn längst nicht alles aus den getrennten Tonnen kann tatsächlich verwertet werden. Und: Das Sortieren bei uns zu Hause ist eigentlich umsonst, heißt es.

GEOlino EXTRA Fotos und Illustrationen: shutterstock

ENTSORGUNG

Restmüll

Wenn wir alles Wiederverwertbare in extra Mülltonnen sortiert haben, sollte nur noch der Restmüll übrig bleiben. Lange Zeit türmte man ihn zu riesigen Haufen auf, zu sogenannten **Mülldeponien**. Dann stellte sich heraus, dass giftige Gase und Flüssigkeiten entstehen, wenn sich der Müll zersetzt. Die Deponien wurden darum mit Folie abgedichtet. Seit dem Jahr 2005 ist es verboten, den Restmüll einfach unbehandelt auf Deponien zu kippen. Der Großteil landet darum in Müllverbrennungsanlagen. Hier seht ihr, was damit passiert.

Der Weg des Restmülls

Offiziell holt die Müllabfuhr in Deutschland pro Jahr rund 13 Millionen Tonnen **Restmüll** ab. Darin steckt aber noch viel Verwertbares: Papier, Glas, Metalle – und fast die Hälfte aus der grauen Tonne gehört eigentlich in den Biomüll!

Ungefähr zwei Drittel des Restmülls gelangen direkt in eine **Müllverbrennungsanlage**. Dort landen auch Abfälle aus den Recycling-Stationen, die sich doch nicht wiederverwerten lassen – etwa Getränkekartons. Magnete ziehen noch einmal Metallteile aus dem Abfall, der Rest wird getrocknet und bei 800 Grad Celsius in Öfen verbrannt. In Deutschland gibt es insgesamt 68 solcher Anlagen.

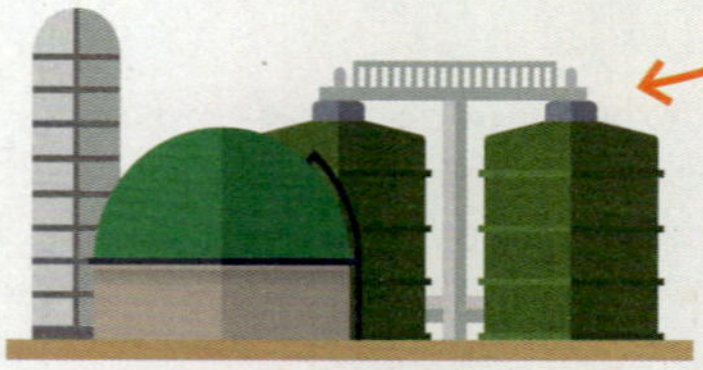

Etwa ein Drittel des Restmülls landet in sogenannten mechanisch-biologischen Anlagen. Dort wird der Abfall noch einmal nach Verwertbarem durchsucht und zerkleinert. Die **Bio-Bestandteile** gären und verrotten. Was übrig ist, darf nach dieser Behandlung auf Mülldeponien entsorgt werden oder landet in der Verbrennungsanlage – jährlich etwa 500 000 Tonnen.

Zwei Drittel aller **Metalle** können vor dem Verbrennen noch aus dem Restmüll gefischt und damit wiederverwertet werden.

Verbrennt der Müll, entsteht Wärme, aus der man **Strom** erzeugen kann. Beides reicht für immerhin 1,6 Millionen Haushalte in Deutschland.

Bei der Verbrennung entsteht auch klimaschädliches **Kohlendioxid**, CO_2. Mit dem CO_2 aus einer Tonne Restmüll könnte man 78 000 Luftballons befüllen.

Der verbrannte Müll besitzt noch ein Drittel seines ursprünglichen Gewichts. Er kommt als graue Masse aus dem Ofen – **Schlacke** genannt. Man kann sie als Untergrund für neue Straßen verwenden. Ein Teil landet auch auf Deponien.

Stäube, die bei der Verbrennung entstehen, sind hochgiftiger **Sondermüll**! Sie werden aufgefangen und in sogenannte Endlager gebracht, zum Beispiel in ehemalige Bergwerke, tief unter der Erde.

PROBLEME

Umwelt

In vielen Teilen der Erde gibt es weder Müllabfuhren noch ein Recycling-System. Weltweit werden rund 40 Prozent allen Abfalls einfach unbehandelt auf Müllhalden gekippt. Die meisten befinden sich in südostasiatischen Ländern wie Malaysia, Indonesien oder den Philippinen. Kaum zu glauben, aber: Auch Müll von uns landet dort! Oft ist es nämlich billiger, Abfall in ferne Länder zu verschiffen, als ihn in Deutschland vernünftig zu entsorgen. Wenn es auf die Müllhalden regnet, sickern giftige **Schadstoffe** aus dem Abfall in den Boden und ins Grundwasser. Außerdem liegt der Unrat oft jahrzehntelang herum oder wird in Flüsse und Meere gespült. Pro Jahr sollen allein bis zu 13 Millionen Tonnen Plastikmüll in die Ozeane gelangen. Tiere wie Fische, Schildkröten oder Vögel verfangen sich darin oder fressen den Abfall und sterben daran.

Gesundheit

Am anderen Ende der Welt kann unser Müll Menschen sogar krank machen. Oft suchen sie im Abfall nach Verwertbarem, um Geld zu verdienen. Ein Beispiel ist **Elektroschrott**: Geschätzt 150 000 Tonnen unserer alten Computer, Fernseher oder Waschmaschinen werden jedes Jahr in andere Länder entsorgt – oft unter dem Vorwand, dass die Geräte dort repariert und weiter benutzt werden. Tatsächlich landen sie aber auf Müllhalden, auf denen auch viele Kinder arbeiten. Sie verbrennen den Schrott, um an wertvolle Metalle zu kommen, die darin stecken. Bei der Arbeit können sie sich verletzen oder giftige Schadstoffe einatmen. Diese verursachen Kopfschmerzen und können sogar Krebs auslösen.

Verschwendung

Längst nicht jeder Müll kann recycelt werden. Wenn immer neue Dinge hergestellt werden müssen, verschwenden wir wertvolle Rohstoffe. Hinzu kommt: Viele Abfälle müssten gar nicht in der Tonne landen. Pro Jahr schmeißt jeder Mensch in Deutschland beispielsweise 75 Kilogramm **Lebensmittel** weg. Dafür wurden Tiere geschlachtet, exotisches Obst ist um die Welt geflogen worden und hat damit dem Klima geschadet – völlig umsonst! Außerdem verbrauchen wir unnötigen Platz: Alle Lebensmittel, die in deutschen Mülltonnen landen, wurden zuvor auf einer Fläche angebaut, die so groß ist wie das Bundesland Mecklenburg-Vorpommern.

LÖSUNGEN

Müll vermeiden

In Deutschland kann zwar schon viel Müll recycelt werden – aber noch viel besser wäre es, wenn wir alle weniger Abfall anhäufen würden. Einige Menschen haben bereits vorgemacht, dass es möglich ist, nahezu müllfrei zu leben: Eine vierköpfige Familie aus den USA hat es zum Beispiel geschafft, ihren gesamten Jahresabfall in ein Einmachglas zu packen! Auch wenn das ein extremes Beispiel ist – durch ein paar Tricks können wir alle dazu beitragen, die Müllflut zu stoppen:

Bewusst einkaufen

Wer weniger kauft, wirft weniger weg. Stattdessen kann man viele Dinge leihen oder tauschen. Bücher und Spiele findet man in der Stadtbibliothek, oder man fragt bei den Nachbarn. Es gibt Kleidertauschbörsen, **Flohmärkte** oder Secondhand-Läden, die gebrauchte Sachen anbieten. Aber auch beim Wocheneinkauf könnt ihr darauf achten, wenig Müll zu machen: In vielen Städten gibt es Läden mit Produkten, die ohne Folien, Dosen und andere Verpackungen auskommen. Schreibt euch außerdem einen Einkaufszettel. So landet nur das im Korb, was ihr wirklich braucht.

Lange nutzen

Wenn man etwas kauft, sollte es lange halten. Kauft deshalb hochwertige Kleidung statt billige, die schnell kaputtgeht. Entscheidet euch für Elektrogeräte, für die es auch **Ersatzteile** gibt. Dann kann man sie vielleicht später reparieren, anstatt sie wegzuschmeißen. Verzichtet auf Einwegprodukte aus Plastik wie Tüten, Flaschen oder Geschirr – Stoffbeutel, Trinkflaschen und Brotboxen kann man wiederverwenden. Für Lebensmittelreste gibt es im Internet und in Büchern Rezepte. All das nützt übrigens nicht nur der Umwelt, sondern auch dem Geldbeutel.

Upcycling

Betrachtet Müll doch mal mit anderen Augen. Oft kann man aus scheinbar wertlosen Gegenständen Nützliches oder Schönes machen! Eine Blechdose gibt einen super Blumentopf ab, aus Holzpaletten kann man Möbel bauen, **Stoffreste** in eine Wimpelkette verwandeln. Genau das ist die Idee des sogenannten Upcycling. Der Begriff setzt sich zusammen aus den englischen Wörtern *up* („nach oben") und *recycling* („Wiederverwertung"). Damit ist gemeint, dass Gegenstände nicht nur vor der Tonne gerettet, sondern sogar aufgewertet werden. In diesem Heft stellen wir euch viele Upcycling-Projekte und -Ideen vor.

Familie Johnsons Müll aus einem Jahr

- 1 Luftballon
- Obstaufkleber
- Kabelreste
- 1 Weckglasgummi
- 1 Mine eines Kugelschreibers
- 1 Bonbonpapier
- Klebestreifen
- Borsten einer kompostierbaren Zahnbürste
- 3 Kaugummis
- Preisschilder
- 1 Pflaster
- 1 Tablettenpackung
- 1 Postkarte

passt in ein Glas

FISCHERNETZE

Vom Meeresmüll zum Schmuckstück

Mission Müll: Im Juni 2020 fischen Freiwillige des Ocean Voyages Institute **Plastik** aus dem Pazifik – darunter tonnenweise Netze

In unseren Weltmeeren treiben Millionen alte **Fischernetze**, sie gefährden Natur und Tiere. Doch es gibt mutige Menschen, die den Müll aus der Tiefe holen – und so dafür sorgen, dass etwas Neues daraus entstehen kann …

— Text: Annika Sartor

Rund 700 Jahre! So lange schwimmt ein Fischernetz im Wasser, bis es sich zersetzt hat. 1250 Kilometer! So lang sind die Netze insgesamt, die allein in Europa jedes Jahr endgültig im Meer versenkt werden. 640 000 Tonnen! Das ist in etwa das Gewicht aller Netze, die jährlich in den Ozeanen landen. Plastik, das in unseren Weltmeeren treibt, ist ein riesiges und bekanntes Problem. Was viele nicht wissen: Mancherorts besteht fast die Hälfte dieses Abfalls aus Netzen. Fischerinnen und Fischer haben sie verloren oder absichtlich versenkt, weil sie unbrauchbar geworden sind. Anschließend schweben die Netze wie Gespenster im Meer. Deshalb nennt man sie „Geisternetze“. Und was sie anrichten, ist tatsächlich gruselig: Sie wickeln sich um Korallenriffe. Tiere wie Fische, Schildkröten, Robben oder Vögel verheddern sich darin und verenden. Doch es ▸

Am Haken: Helfer hieven verschlungene Taue und **Netze** an Bord. Im Nordpazifik machen sie fast die Hälfte des Meeresmülls aus

GEOlino EXTRA Fotos: Jackson McMuldren/Ocean Voyages Institute; Bracenet (l. o.)

gibt Hoffnung: An mehreren Orten versuchen Menschen, die Netze zu bergen, damit etwas Neues aus ihnen entstehen kann. Aber der Reihe nach …

SCHRITT 1: Abtauchen

Es ist eine beeindruckende Mission: Im Mai 2020 legt von der Hawaii-Insel O'ahu im Pazifik ein großes Segelschiff ab. An Bord ist eine Gruppe aus Freiwilligen der US-amerikanischen Organisation Ocean Voyages Institute. Ihr Ziel ist eine andere Insel im Nordpazifik – eine Insel aus Plastik, die viereinhalbmal so groß ist wie Deutschland. Ein Meeresstrudel hat den Abfall hier zusammengetrieben, es ist die größte Müllkippe der Welt.

83 Tage verbringt die Crew damit, Abfall aus dem Wasser zu fischen und ihn an Bord zu hieven. Zweimal fährt das Schiff voll beladen zurück nach Hawaii, Tausende Kilometer weit – mit insgesamt 154 Tonnen Plastikmüll im Bauch. Ein großer Teil davon sind zu Riesenknoten verschlungene Fischernetze.

Die Organisation Healthy Seas rückt ebenfalls mit freiwilligen Taucherinnen und Tauchern aus, neben dem Pazifik auch im Mittelmeer und in der Nordsee. Sie kümmern sich ausschließlich um Geisternetze und suchen dort nach ihnen, wo sie sich leicht verfangen: in Häfen, an Felsen, auf Riffen, an Schiffswracks. Das heißt allerdings auch, dass es bis zu 60 Meter hinabgeht – und das kann gefährlich sein. Pascal van Erp, der die Einsätze organisiert, erzählt: „Unsere Taucher tragen meist orangefarbene Anzüge, damit man sie auch

Unzertrennlich: An Bord des Segelschiffs »Kwai« zeigt sich, dass sich **Meerestiere** und Unrat in den alten Netzen verheddert haben

in trübem Wasser gut sehen kann." Außerdem gehören für jeden eine Taschenlampe, ein scharfes Messer und zwei Atemgeräte zur Ausrüstung – für den Fall, dass eines unter Wasser ausfällt.

Haben die Teams ein Netz erreicht, schneiden sie es vorsichtig los. Gleichzeitig müssen sie aufpassen, sich nicht selbst darin zu verheddern. Auf dem Weg nach oben helfen dann sogenannte Hebesäcke, die aussehen wie Ballons: „Sie werden an den Netzen befestigt und mit Luft gefüllt. So entsteht ein Auftrieb, der die Fischernetze an die Wasseroberfläche zieht", erklärt Pascal van Erp. Auf diese Weise hat Healthy Seas im vergangenen Jahr 75 Tonnen Geisternetze aus den Meeren gefischt.

SCHRITT 2:

Reinigen

Für die Netze geht die Reise nun weiter: Sie werden verladen und gelangen zum Beispiel nach Litauen. Dort betreibt die norwegische Firma Nofir eine Fabrik, die sich auf die Reinigung und das Sortieren von Fischereiausrüstung spezialisiert hat. In einer Art Riesenwaschmaschine werden drei Tonnen Fischernetze auf einmal sauber gemacht. Viele sind so lange im Meer getrieben, dass ihre ursprüngliche Farbe erst nach der Wäsche wieder zum Vorschein kommt.

Mitarbeiterinnen und Mitarbeiter entfernen anschließend Metallteile und sortieren die Netze nach der Sorte des Kunststoffs, aus dem sie gemacht sind. Häufige Materialien sind etwa Polyester und Polyamid – auch bekannt als Nylon. ▶

Bei einem Tauchgang vor Griechenland befestigt das Team von Healthy Seas **Hebesäcke** an den Netzen und bläst diese auf (links). Durch den **Auftrieb** gelangt alles an die Wasseroberfläche (oben)

So lange treibt Müll im Meer

Fischernetze gehören zum hartnäckigsten Meeresmüll überhaupt! Hier seht ihr, wie viel Zeit vergeht, bis sich verschiedene Abfälle zersetzen

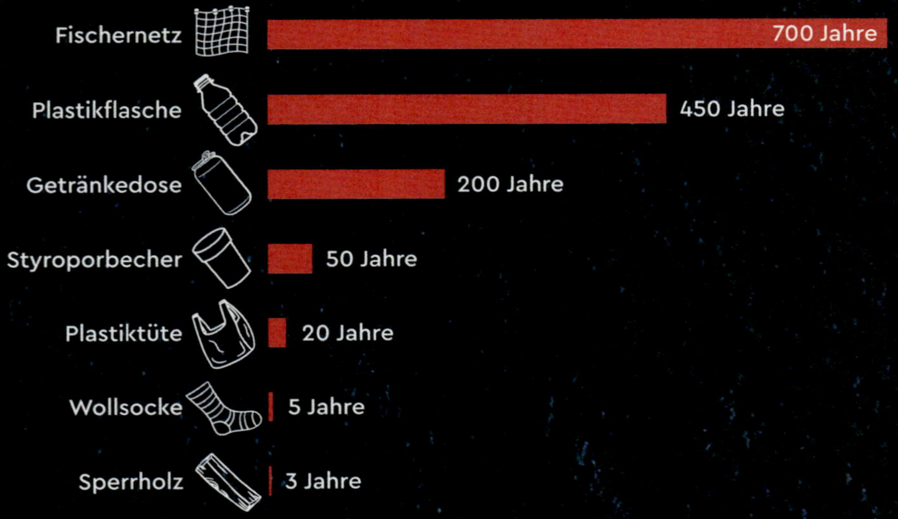

GEOlino EXTRA Fotos: Jackson McMuldren/Ocean Voyages Institute (l.); Nikos Afentoulis/Ghost Diving Greece (r. o.); Giorgos Kolikis/Ghost Diving Greece (r. m.); Shutterstock (r. u.)

Der Dreck muss weg! In diese **Waschmaschine** der Firma Nofir passen drei Tonnen Fischernetze. Wenn sie herauskommen, haben sie ihre ursprüngliche Farbe zurück – und riechen besser

Nach dem Waschgang werden die Netze zum **Trocknen** aufgehängt, sortiert und schließlich weiterverarbeitet

Gutes Netz? Das Gründer-Paar von **Bracenet** sieht sich bei Nofir um und überlegt, aus welchen Teilen es schöne Armbänder machen könnte

Von hier an gehen die Netze getrennte Wege. Wenn sie aus einer bestimmten Art von Nylon bestehen, landen sie zum Beispiel bei der italienischen Firma Aquafil. Dort mischt man die Netze mit anderen Abfällen wie alten Teppichen und schreddert sie klein. Anschließend wird das Nylon in seine chemischen Bausteine zerlegt. Auf diese Weise entsteht eine durchsichtige Flüssigkeit, aus der neue Nylonfäden gesponnen werden können. Das Garn, das die Firma verkauft, besteht dann zu etwa einem Viertel aus alten Fischernetzen.

SCHRITT 3: Verarbeiten

Das Nylongarn wird weltweit verkauft und in neue Produkte verwandelt: Es liegt den Menschen wortwörtlich zu Füßen oder kommt ihnen hautnah. Zu den Kunden von Aquafil gehören nämlich rund 60 Teppichfirmen und 2000 Modeunternehmen. Sie verarbeiten das Nylon zu Läufern oder Fußmatten, zu Badeanzügen, Sportjacken, Unterhosen, Socken, Taschen und sogar Sonnenbrillen. Dass in all diesen Dingen alte Fischernetze stecken, kann man beim besten Willen nicht mehr erkennen.

Bei dem Unternehmen Bracenet aus Hamburg fällt das leichter. Es sucht sich die Fischernetze nämlich direkt bei der Firma Nofir aus, wenn sie aus der „Waschmaschine“ kommen – und stellt daraus bunte Armbänder, Schlüsselanhänger oder Hundeleinen her. Ein Ehepaar aus Hamburg hat die Firma im Jahr 2015 gegründet, nachdem es beim Tauchen im Urlaub die vielen Geisternetze entdeckt hatte. Zu Hause kündigten die beiden ihre Jobs und beschlossen, ihr Geld mit Upcycling zu verdienen. Inzwischen lagern im Keller ihrer Werkstatt kilometerweise Fischernetze: blaue, grüne, rote, gelbe, schwarze ...

Insgesamt 30 Mitarbeiterinnen und Mitarbeiter sorgen dafür, dass aus den alten Maschen Schmuckstücke werden. Sie schneiden die Netze in Schnüre, trimmen sie auf die richtige Länge für die Armbänder und kleben einen Verschluss an. Anschließend verpacken und verschicken sie die Schmuckstücke. Jedes Armband bekommt dabei ein Schildchen angehängt, das seine Herkunft verrät. Dank der engen Zusammenarbeit mit den Tauchteams ist nämlich bekannt, wo und wann die Fischernetze aus dem Meer gezogen wurden. Sie stammen aus Nord- und Ostsee, dem Roten Meer, dem Mittelmeer oder dem Arktischen Ozean.

Zu den neuesten Produkten zählen außerdem leuchtend orangefarbene Armbänder. Sie bestehen aus jenen Netzen, die die Taucherinnen und Taucher des Ocean Voyages Institute im Sommer 2020 geborgen haben – aus der gigantischen Müllinsel im Nordpazifik. ■

Alte Masche: Die Firma Bracenet fertigt aus den Geisternetzen **Armbänder**. Eine Mitarbeiterin schneidet sie zu ...

... verlötet die Enden und bringt einen **Verschluss** an. Fertig ist ein einzigartiges Schmuckstück!

Bunte Fischernetze stapeln sich in der Hamburger **Werkstatt**. Fünf Tonnen des Meeresmülls wurden hier bereits zu Schmuck verarbeitet

Der schnelle Weg zum Müllionär

WIE UPCYCLING REICH MACHEN KANN

Euch macht Upcycling Spaß, aber ihr möchtet damit auch Geld verdienen – am besten Millionen? Dann seid ihr hier richtig! Wir stellen euch Menschen vor, denen genau das gelungen ist, und geben euch fünf praktische Tipps

Text: Stefan Greschik — Illustration: Maren Schabhüser

TIPP 1:

Nutzt euren Ruf

Wenn ihr aus Müll neue Produkte macht, schont ihr die Umwelt. Viele Leute finden das toll. Deshalb solltet ihr es unbedingt jedem erzählen. **Tom Szaky** schrieb Artikel für Zeitungen über sein Unternehmen, gab unzählige Interviews und ließ sogar eine Fernsehserie über **Terracycle** produzieren. Bald hatte er den Ruf, ein echter Weltretter zu sein – und damit lässt sich prima Geld verdienen. Um der Umwelt zu helfen, sammeln heute Tausende Freiwillige Müll für ihn, etwa Deo-Dosen, aus deren Aluminium Fahrräder entstehen. Und Unternehmen bezahlen dafür, mit Terracycle zusammenzuarbeiten, weil sie so ihr Ansehen verbessern. Tom freut's: Er macht den Gewinn.

Wer mit Upcycling Geld verdienen will, braucht vor allem eines: eine richtig gute Idee – wie Tom Szaky. Als er im Jahr 2001 Freunde besucht, ist er gerade 19 Jahre alt. Die Freunde haben Zimmerpflanzen. Und sie erzählen Tom, dass sie dafür einen super Dünger gefunden haben: den Kot von Würmern, die ihren Bio-Abfall fressen.

„Wow!“, denkt Tom sofort. „Daraus kann man doch ein Geschäft machen!“ Er kratzt seine Ersparnisse zusammen und leiht sich Geld von Bekannten, seiner Familie und der Bank. Damit kauft er Millionen Würmer für eine riesige Wurmkacke-Produktionsanlage.

Gefundenes Fressen

Angestellte seiner Universitätskantine überredet er, ihm ihre Küchenabfälle zu überlassen. Mit denen füttert er die Tiere. Bald schaufelt Tom zehn Stunden am Tag Essensreste in seine Anlage – und die Würmer machen Dünger daraus. Mit einem Freund gründet er sogar eine eigene Firma: Terracycle, zusammengesetzt aus dem griechischen Wort *terra* (Erde) und dem englischen Begriff *cycle* (Kreislauf).

Es ist schon Toms siebte Firma. Die ersten sechs hat er als Jugendlicher gegründet. Alle gingen pleite. Macht ihm das Angst? Ach was! Er ist so ▶

TIPP 2:

Erzählt eine Geschichte

Seien wir mal ehrlich: Fast alles, was man aus Müll herstellen kann, gibt es auch in neu – ob Kleidung, Taschen oder Stiftehalter. Und zwar meist gut, schick und billig. Ihr müsst also etwas anbieten, das neue Dinge nicht haben: eine Geschichte. Viele erfolgreiche Upcycler sagen etwa: Hey, wir fertigen unsere Schränke aus ausrangierten **Flugzeug-Servierwägelchen**, die Millionen Kilometer um die Welt geflogen sind. Oder: Wir bauen **Swimmingpools** aus Containern, die einst über die Ozeane schipperten. Viele, die das hören, sind fasziniert und greifen zu, selbst wenn der Preis hoch ist.

TIPP 3:

Stellt Taschen her

Es ist nicht leicht, aus Abfällen etwas Wertvolles zu basteln. Ein Auto aus Plastikflaschen? Kompliziert. Ein Computer aus Zigarettenstummeln? Geht nicht. Was aber immer funktioniert: Taschen! Denn die braucht jeder. Zum **Einkaufen**, um seine Schulbücher zu transportieren oder einfach als schickes Anhängsel. Und man kann sie auch aus allem Möglichen herstellen: aus **Trinkpäckchen**, löchrigen Fahrradschläuchen, alten Turnmatten, Sitzgurten oder Luftmatratzen. Kein Wunder, dass viele damit Erfolg haben. Etwa die Firma Freitag, die Taschen aus Lkw-Planen verkauft – für 35 bis 820 Euro pro Stück.

begeistert von seiner Mist-Idee und so überzeugt, damit reich zu werden, dass er sogar sein Studium hinschmeißt. Es gibt nur ein kleines Problem: Niemand will den Dünger kaufen. Bald darauf ist er wieder pleite.

Wurmkacke in Flaschen

Fast wäre diese Geschichte zu Ende – aber dann kommt doch noch die Rettung: Im Jahr 2004 zeigen eine Supermarkt-Kette und ein Baumarkt Interesse an Toms Dünger. Sie stellen die Flaschen in ihre Regale, und die Leute greifen zu! Tom erweitert sogar das Angebot. Er bietet speziellen „Poop“ (Englisch für „Kacke“) für Orchideen an. Und eine Sorte mit dem schönen Namen „African Violet“, afrikanisches Veilchen.

Plötzlich gilt Terracycle als coolste kleine Firma der USA. Doch Tom verbringt schlaflose Nächte. Denn jetzt, wo sich die Leute um seinen Wurmkot reißen, fehlen ihm Plastikflaschen, um diesen abzufüllen. Mist!

Die Mega-Idee

Tom grübelt – und kommt auf seine beste Idee überhaupt. Er organisiert Teams von Schülern und Schülerinnen, die für ihn alte Flaschen sammeln. Denen zahlt er genau: nichts.

Frech? Nein, genial! Denn ohne Bezahlung sind die Jugendlichen viel stolzer darauf, etwas für die Umwelt zu tun, als wenn sie für Geld schuften. Schon 2006 arbeiten 5000 Teams für Terracycle. ▶

TIPP 4:

Nennt es Kunst

Würdet ihr für viel Geld einen alten Flaschenhalter kaufen? Oder eine Fahrradfelge auf einem Hocker? Vermutlich sagt ihr jetzt: Nie im Leben! Und doch hat der Franzose **Marcel Duchamp** vor rund 100 Jahren damit Geld gescheffelt. Der stellte sich auch zum Spaß Alltagsgegenstände in sein Atelier. Als Kunstfans die „Readymades" (übersetzt: „Fertigware") später sahen, fanden sie diese so originell und frech, dass sie fast durchdrehten. Seither machten viele Künstlerinnen und Künstler mit Schrott Kohle. Etwa Pablo Picasso, der aus einem Fahrradlenker und einem Sattel aus Bronze einen **Stierkopf** bastelte. Es gibt da nur ein einziges Problem: Einige Readymades wurden schon versehentlich weggeworfen oder zerstört, weil Menschen sie für Müll hielten.

Im Jahr 2007 fragt eine Saftfirma an, ob Tom etwas mit den in den Müll gewanderten Trinkpäckchen anfangen kann. Der schlägt vor: Daraus machen wir Taschen und Federmäppchen! Bald liegen sie in Läden zum Verkauf.

Das spricht sich rum, und in den nächsten Jahren wollen immer mehr Firmen ihre Produkte auf diese Weise upcyceln. In vielen Ländern sammeln Teams alte Stifte, Flipflops oder Windeln. Und Tom zaubert daraus Drachen, Spielplätze und anderes brauchbares Zeug.

Das Upcycling bezahlen die Firmen selbst. Dafür dürfen sie ein Terracycle-Logo auf ihre Verpackungen drucken und von sich behaupten, umweltfreundlich zu sein. Das verbessert den Ruf und sorgt dafür, dass mehr Menschen ihre Sachen kaufen.

Erfolg trotz Kritik

Ein cleveres Modell, bei dem jeder Gewinn macht. Nur manchmal gibt es Kritik. Als Tom mit Zigarettenfirmen zusammenarbeitet, fragen einige: Darf man Unternehmen unterstützen, deren Produkte Menschen töten?

Doch diese Stimmen schaden Tom nicht. Zeitungen bejubeln ihn längst als Weltretter. Und als das Fernsehen sogar eine Serie über Terracycle ausstrahlt, werden die Teams fast so bekannt wie Popstars. Bis heute sammeln Millionen Helferinnen und Helfer Milliarden ausrangierte Produkte für Terracycle.

Und Tom? Der ist längst Millionär. Und hat gezeigt, dass man mit Upcycling groß rauskommen kann, auch wenn man ganz klein mit Wurmkacke anfängt. ■

TIPP 5:

Verwendet teure Abfälle

Jedes Jahr werfen Geschäfte Tausende Tonnen Kleidung weg, die sie nicht loswerden. Auch Stücke von **Luxusmarken**. Das hat Designerinnen und Designer auf eine Idee gebracht: Sie stauben die Abfälle ab, zerschneiden sie und nähen daraus etwas Neues, Flickenmäntel zum Beispiel, Hosen, Kuscheltiere oder **Schlüsselanhänger**. Das kommt an. Denn die Basteleien bestehen nicht nur aus hochwertigen Materialien. Sie haben auch eine prima Geschichte (siehe Tipp 2), weil sie in ihrem früheren Leben ja etwas Schickes waren. Und sie sind einzigartig – denn jedes Teil sieht anders aus. Wer darauf steht, zahlt für einen Schlüsselanhänger schon mal 380 Euro.

Die Welt spielend verstehen und entdecken!

GEO Shop
Das Beste von GEO zum Bestellen

Checker Tobi erklärt – die neuen Bücher und Hörspiele mit GEOLINO

NEU!

Die neue Sachbuchreihe mit Checker Tobi startet mit den ersten zwei Bänden. Und das Beste: Es gibt sie zum Lesen und zum Hören!

„Checker Tobi Der große DIGITAL-Check – Smartphone, Internet, Social Media – Das check ich für euch!"
Wie funktioniert eigentlich das Internet? Wie bekommt das Handy Netz? Ständig sind wir umgeben von Digitalem. Aber was wissen wir eigentlich darüber?

„Checker Tobi Der große GEFÜHLE-Check – Freude, Wut, Traurigkeit: Das check ich für euch!"
Woher kommt es, dass wir manchmal rot sehen, wenn wir wütend sind? Oder dass wir am liebsten in die Luft springen würden, wenn wir uns ganz doll freuen? All diese Gefühle kennt jeder. Aber was wissen wir eigentlich darüber?

Checker Tobi stellt die Checkerfragen, die Kinder interessieren und spricht mit Experten, die ihm alles rund um die Themen „Digital" und „Emotionen" erklären.

GEOLINO Bücher

mit vielen Fotos aus den Sendungen, Illustrationen und tollen Mitmach-Checks!

ab 8 Jahren
Format: 19,5 x 24 cm, ca. 112 Seiten
Best.-Nr.:
Digital-Check: G729318
Gefühle-Check: G729317
Preise: je 12,40 € (A) / Fr. 17,90 (CH)

je 12,00 €

GEOLINO Hörspiele

sind humorvolle und wissensreiche Sachhörspiele für die ganze Familie! Mit Tobias Krell, dem Checker aus der beliebten KiKA-Sendung „Checker Tobi", und Paulina Rümmelein als vorlautem und sehr schlauen Robotermädchen Roberta.

Nur als Bundle erhältlich!

ab 8 Jahren
Best.-Nr.: G729321
Preise: 18,99 € (A) / Fr. 20,99 (CH)

Bundle für 18,99 €

GEOLINO Experimentierkasten „Chemie"

Es blubbert, schäumt und reagiert! Mit dieser Experimentierbox wirst du zum echten Chemie-Forscher. Verblüffende Experimente lassen Cola erblassen oder mysteriöse Gruselwolken entstehen. Spannende Versuche zur Nachhaltigkeit machen dich fit für die Zukunft: Du verwandelst Stärke oder Milch in Bio-Kunststoff und stellst deine eigene Straßenkreide her.

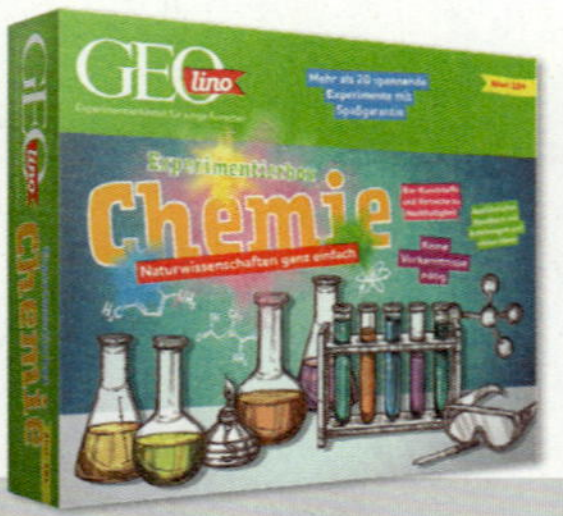

Format: 37 x 25 x 7,1 cm
ab 8 Jahren
Best.-Nr.: G729306
Preise: 49,95 € (A) / Fr. 59,95 (CH)

49,95 €

GEOLINO Experimentierkasten „Wasserfilter"

Warum ist Quellwasser so sauber? Was passiert mit Regenwasser, das im Boden versickert? Und wie funktioniert eigentlich eine Kläranlage? Mit diesem 13-teiligen Experimentierset gehst du auf Entdeckungsreise rund um den wohl wichtigsten Rohstoff der Welt: Wasser.

Format: 21,5 x 5 x 16,5 cm
ab 8 Jahren
Best.-Nr.: G729308
Preise: 14,95 € (A) / Fr. 16,95 (CH)

14,95 €

e16,99 €

GEOLINO MINI Hörspiele

Ralph Caspers führt uns durch die kunterbunten Geschichten und erlebt gemeinsam mit seinen Insekten-Freunden Grashüpfer Georg, Mistkäfer Mo und Libelle Belle lehrreiche Abenteuer. Zusammen erfahren wir alles rund um die Themen Feuerwehr, Pferde und Ponys, Ritter und Burgen, Sterne und Planeten. Im Doppelpack zum Vorteilspreis.

„Alles über die Feuerwehr" + „Alles über Pferde und Ponys" Doppelpack 1+2

ab 5 Jahren
Best.-Nr.: G729311
Preise: 16,99 € (A) / Fr. 19,99 (CH)

NEU!

„Alles über Ritter + Burgen" + „Alles über Sterne + Planeten" Doppelpack 3+4

ab 5 Jahren
Best.-Nr.: G729315
Preise: 16,99 € (A) / Fr. 19,99 (CH)

Jetzt bestellen unter **www.geoshop.de/kinder2021** oder telefonisch unter **+49 (0) 40/42 23 64 27**

Gruner + Jahr GmbH, Am Baumwall 11, 20459 Hamburg

(Bitte geben Sie immer den Aktionscode an: G00181)

TEST

Hast du das Zeug zum Müllionär?

Ihr habt es gelesen: Aus Abfall lassen sich so manche **Schätze** zaubern, die Menschen bisweilen wirklich reich machen. Könnte auch euch mit Weggeworfenem der große Wurf gelingen? Macht den Test und findet es heraus!

1 Upcycling – was heißt das eigentlich?

A: Das ist fast das Gleiche wie Recycling.

B: Abfallprodukte oder nutzlose Stoffe werden in hochwertigere, neue Produkte umgewandelt.

C: Das ist Englisch und heißt „hochradeln", glaube ich.

2 Sei ehrlich: Wie steht es um dein handwerkliches Geschick?

A: Mit Schere und Klebestift hab ich's drauf.

B: Wenn ich mit dem Schwingschleifer und dem Lötkolben arbeite, brauche ich hin und wieder Hilfe, ansonsten macht mir in der Werkstatt keiner was vor.

C: Ich gehe lieber weiter zur nächsten Frage ...

3 Die besten Schätze findet man ...

A: ... auf dem Schrottplatz, einem Trödelmarkt oder im vollgerümpelten Keller meiner Großeltern.

B: ... im Wald oder am Strand.

C: ... in Level 7 meines neuen Spiels auf der Konsole.

4 Zeige, wie ideenreich du bist: Nimm dir ein Blatt Papier und male einen Kreis darauf. Wie viele verschiedene Dinge fallen dir in 30 Sekunden ein, die du daraus malen kannst?

A: Kreis bleibt Kreis. So was finde ich albern.

B: Zehn schaffe ich locker. Schade, dass die Zeit so kurz ist!

C: Punkt, Punkt, Komma, Strich ... oh, die Zeit ist abgelaufen.

5 Vollende bitte den Satz: Vor dem Müllrausbringen ...

A: ... schaue ich einmal in allen Säcken nach, ob nicht doch noch etwas zu gebrauchen ist.

B: ... drücke ich mich am liebsten. Müll ist ekelig.

C: ... muss ich immer ein bisschen weinen. Für mich gibt es keinen Müll, ich würde alles noch verwenden, irgendwie.

6

Wenn du mit Müll reich werden willst, musst du deine Arbeit gut verkaufen können. Wie lautet dein Werbeslogan für einen aufgemöbelten Schreibtischstuhl?

A: „Alter Platz, neuer Schatz."

B: „Wer auf diesen Stuhl setzt, bleibt sitzen" – ach nee … Moment …

C: „______________________________"

7

Du sitzt auf der Toilette und verbrauchst das letzte Blatt Klopapier. Was denkst du?

A: Ich muss vor der nächsten Sitzung dringend neues aus dem Vorratsschrank holen.

B: Jippie! Wieder ein neuer Turm für meine Klorollen-Festung.

C: Muss es immer Klopapier sein? Vielleicht könnte man auch eine Alternative aus getrockneten Bananenschalen entwickeln!

AUFLÖSUNG

Wie viele Punkte du für deine Antworten bekommst, verrät die Tabelle rechts. Zähle alle Punkte zusammen.

Meine Punktzahl: ______________

Antworten / Fragen	1	2	3	4	5	6	7
A	3	3	5	0	3	3	0
B	5	5	3	5	0	0	3
C	0	0	0	3	5	5	5

0–12 PUNKTE:

Das wird wohl nichts

In deinen Augen war dieser Test vermutlich Müll. Denn mit dem Thema Upcycling kannst du wirklich überhaupt nichts anfangen. Du kaufst lieber neu und siehst in den wenigsten Fällen einen Grund, alten **Kram** aufzuheben, geschweige denn aufzumöbeln. Zum Millionär oder zur Millionärin kannst du es natürlich trotzdem bringen, zum Müllionär oder zur Müllionärin wohl eher nicht. Oder kann dich vielleicht unser Werkstatt-Tipp auf Seite 62 für das Thema gewinnen?

13–25 PUNKTE:

Nicht schlecht

Du bastelst gern, allerdings nicht an einer Zukunft als Müllionärin oder Müllionär. Zwar nutzt du hin und wieder auch Dinge, die andere wegwerfen, aber du fragst dich nicht bei jedem Joghurtbecher, welches Kunstwerk sich daraus zaubern ließe. Mit deinen Bastelprojekten machst du Freundinnen, Freunden und Familienmitgliedern eine große **Freude**, zum Reichwerden reichen sie aber nicht – noch nicht. Denn wer weiß, ob der große (Weg-)Wurf nicht vielleicht schon in der nächsten Tonne wartet.

26–35 PUNKTE:

Du kannst es schaffen!

Bei den meisten Geschichten in diesem Heft denkst du nur eines: Das kann ich auch – vielleicht sogar besser. Du sprudelst nur so vor Ideen, und wenn du etwas siehst, was anscheinend niemand mehr haben möchte, ist das ganz klar ein (Ab-)Fall für dich. Dieses **Talent** kann dich vielleicht einmal reich machen und ist noch dazu nachhaltig. Also: Gut für dich und für unseren Planeten. Den können schließlich selbst Profis wie du nicht so einfach upcyceln.

Not macht erfinderisch

UPCYCLING IN DER NACHKRIEGSZEIT

Unnützes umzufunktionieren ist keine neue Erfindung, schon nach dem Zweiten Weltkrieg waren die Menschen Meister darin. Für sie war es allerdings kein hippes Hobby, sondern wichtig für das **Überleben**. Denn damals mangelte es an Möbeln und Geschirr, an Kleidung, Küchengeräten und Kinderspielzeug – eigentlich an fast allem ...

— **Text: Dela Kienle**

Topf statt Kopf

Endlich etwas Warmes zu essen! Ihre Mahlzeit rühren diese Jungen in einem ausgedienten **Stahlhelm** zusammen. Auch wenn nach dem Krieg das allermeiste knapp war: Stahlhelme gab es millionenfach, schließlich hatte jeder Soldat seinen Kopf damit geschützt. Es stapelten sich sogar noch viele neue Helme in Fabriken. Dort arbeitete man sie um – zu Kochtöpfen mit Henkeln oder zu Sieben mit eingestanzten Löchern.

Ausgemustert

Das Mädchen, das diesen Trägerrock bekam, hat sich sicher gefreut! Nach dem Krieg waren Stoffe ungeheuer knapp und hübsche Kleider Luxus. Oft schneiderten Mütter deshalb Fahnen um, wie bei diesem **Rock**. Oder sie trennten alte Soldatenuniformen auf, färbten den Stoff ein und nähten daraus Jacken. Mäntel wurden bisweilen aus Säcken gefertigt. Und manche Braut trug damals ein schneeweißes Kleid – geschneidert aus Fallschirmseide.

Eingeschenkt

Solche großen, geriffelten Dosen konnten sich die Menschen damals leicht beschaffen. Soldaten hatten sie benutzt, um darin ihre Gasmaske aufzubewahren. Nach dem Krieg lötete man Henkel und Tüllen daran und funktionierte sie so zu **Kannen** um. Mit Griff und Deckel versehen enthielten die Dosen oft Lebensmittel wie Mehl und standen in vielen Küchen. Sie ließen sich nämlich nahezu luftdicht verschließen und hielten Schädlinge wie Motten ab.

Klingelt's?

Bimmelim! Wer diese **Glocke** wohl läutete? Ursprünglich war sie Teil einer Eihandgranate, einer etwa hühnereigroßen Waffe. Soldaten lösten den Zünder aus, warfen die Handgranate – und einige Sekunden später explodierte sie. Nach dem Krieg lagerten noch viele ungefüllte Granatenhälften in den Munitionsfabriken. Aus ihnen wurden Glocken, Soßenkellen oder Trichter. Und zwei Hälften zusammen ergaben, an einen Stiel befestigt – eine Babyrassel!

GEOlino EXTRA Fotos: akg-images (l.); Olaf Malzahn (r., 3)

Schiff ahoi!

Diese drei Jungs schippern mit ganz besonderen Booten über den See: Sie wurden aus Abwurftanks von Jagdflugzeugen gebaut. Das waren kleinere Maschinen, die nicht so weit fliegen konnten. Deshalb stattete man manche Modelle mit zusätzlichen Treibstofftanks aus. Waren die leer, wurden sie einfach abgeworfen. Nach dem Krieg verwandelten sich die Behälter aufgeschnitten in Badewannen, Seifenwagen – oder eben in **Paddelboote**.

Wärmespender

Brrrrr! Zwischen 1946 und 1947 mussten die Menschen einen der kältesten Winter des Jahrhunderts durchstehen. Viele Häuser waren damals noch zerstört, Brennholz und Kohle knapp. Da kamen diese **Bettflaschen** gerade recht! Mit heißem Wasser gefüllt, wärmten sie die Menschen nachts beim Schlafen. Ursprünglich waren es allerdings Granathülsen aus Messing. Handwerker schnitten das weiche Metall auf, verlöteten es und versahen es mit einem Schraubdeckel.

Aufgetischt

Hübsch sieht diese **Schüssel** mit ihrem Blümchenmuster aus. Doch sie besteht aus dem nachträglich bemalten Gehäuse einer tödlichen Waffe: der Glasmine 43. Die ähnelte einem durchsichtigen Blumentopf und enthielt Sprengstoff. Deutsche Soldaten haben Hunderttausende solcher Glasminen vergraben. Trat jemand auf sie, brach ihr Deckel, und der Glastopf explodierte.

Runde Sache

Ob ein Kind dieses Kettenkarussell gebastelt hat – oder doch eher seine Eltern? Direkt nach dem Krieg konnten die Menschen kaum Spielzeug kaufen. Und so nähten sie Socken zu Puppen um oder stellten Kreisel aus den Zündern von Granaten her. Das Dach dieses **Karussells** war früher einmal das Filtersieb einer Gasmaske. Durch die Filter sollten die Menschen einatmen, falls chemische Kampfstoffe in ihrer Nähe gezündet wurden und giftige Gase verströmten.

SEIDENLAUBENVOGEL

»Bei mir erleben die Damen ihr blaues Wunder«

Ein Seidenlauben-vogel-Männchen baut oft jahrelang an seiner **Behausung**. Es säubert den Boden, sammelt Äste und Halme, biegt sie zurecht – fertig ist die Laube? Nicht ganz! Denn dann macht das australische Federvieh blau … Wie das aussieht und warum der Vogel das tut, erzählt er hier

— Text: Sarah Marquardt

GEOlino EXTRA Fotos: Konrad Wothe/Picture Press (l.); shutterstock (r. u.)

GEOlino EXTRA: Herr Seidenlaubenvogel, Sie gehören zu den wenigen Tieren, die im Prinzip Upcycling betreiben. Sie nutzen Müll, um etwas Neues zu schaffen, in ihrem Fall Deko für ihr Nest.

Seidenlaubenvogel: Moment, was meinen Sie bitte mit „Müll"?

Ähm, na ja. Die blauen Dinge, die da vor ihrer Hütte liegen ...

... sind ja wohl das Schönste, das Sie je gesehen haben! Immerhin habe ich jeden dieser Schätze mühsam gesammelt.

Ihre Laube sieht zumindest deutlich geschmückter aus als andere Vogelnester.

Tut sie, oder? Ich will ja nicht lästern, aber haben Sie mal die Nachbarlaube angeguckt? Der komische Kauz hat wirklich gar keinen Sinn für Inneneinrichtung. Kaum ein blaues Detail. Für die Partnerinnenwahl sehe ich da schwarz ...

Aber kommt es bei der Partnersuche nicht auf die inneren Werte an?

Na klar, auf das Innere der Laube! Bei uns Seidenlaubenvögeln fliegt die Damenwelt nun mal auf Blau. Deswegen streichen wir Männchen die Wände mit blauem Beerensaft. Danach sammeln wir alles, was uns in dieser Farbe in den Schnabel kommt: Flaschendeckel, kleine Papierfetzen, Wäscheklammern oder andere Plastikteile. Damit pflastern wir den Vorgarten.

Und woher bekommen Sie all das?

Na, meist von euch Menschen. Dass ihr diese wunderbaren Dinge einfach liegen lasst ... Ihr habt echt 'nen Vogel! Den Rest meines Laubenschmucks habe ich mir bei meinen Nachbarn geholt, wenn die mal ausgeflogen waren.

Sie meinen, die sind geklaut?

Pssst! Sie müssen mich ja nicht gleich verzwitschern. Verstehen Sie doch: Ich rackere mich hier ab, damit die Damenwelt ihr blaues Wunder erlebt, und dann kommt irgendein Artgenosse und stiehlt mir die Show. Da kann ich gar nicht anders, als rüberzufliegen und das ein oder andere Teil zu entwenden. Allein schon, um den Damen zu zeigen, dass ich mich durchsetzen kann.

Sie sind sozusagen ein Raubvogel.

Na ja, durch unser Äußeres können wir ja nicht groß punkten. Wir sehen mit dem schwarzen Gefieder alle gleich aus und noch dazu viel langweiliger als die Damen. Da müssen wir eben mit unseren Hütten glänzen.

Haben Sie denn ein paar Einrichtungstipps?

Beim Schmücken des Bodens lege ich kleinere Objekte immer in Eingangsnähe, größere platziere ich weiter weg. Aus dem richtigen Blickwinkel betrachtet, wirken sie dann alle gleich groß. Das gefällt den Weibchen. Und nicht nur das: Wenn ich im Eingangsbereich meinen Balztanz aufführe, wirke ich neben dem Kleinkram viel größer als 32 Zentimeter mit Schwanz, da kann dann kaum eine widerstehen.

Und schon wird aus der Laube ein Liebesnest ...

Ja, aber nur für kurze Zeit. Nach der Paarung macht die Dame den Abflug und baut sich ein eigenes, unscheinbares Nest. In dem zieht sie dann den Nachwuchs auf.

Ein Familienvogel sind Sie also nicht.

Nee, für ein Zusammenleben sind wir Seidenlaubenvögel nicht gemacht. Ich möble mir doch die Bude nicht so auf, um sie nur einem Weibchen von innen zu zeigen.

STECKBRIEF:
Seidenlaubenvögel

Lebensraum: Seidenlaubenvögel (*Ptilonorhynchus violaceus*) leben im östlichen und südöstlichen Australien. Sie gehören zur Familie der Laubenvögel.

Größe und Gewicht: Männchen messen maximal 32 Zentimeter und wiegen bis zu 290 Gramm. Weibchen sind etwas größer, aber leichter.

Nahrung: Ob Früchte, Blütennektar, Blätter oder Insekten – Seidenlaubenvögel verputzen fast alles, was sie finden können.

Nachwuchs: Die Brutsaison dauert von Oktober bis Januar. Dann legt ein Weibchen ein bis drei Eier. Die Männchen helfen weder beim Brüten noch bei der Aufzucht des Nachwuchses.

TELLER

WIR HABEN'S AUSPROBIERT

GEOlino

Carlo

Emil

Ab in die Pfanne! Carlo und Emil rösten **Cashewkerne** für ein Pesto aus Möhrengrün. Damit füttert Carlo sonst eigentlich die Kaninchen

STATT TONNE

Die Frage: Lassen sich aus altem Brot, Möhrengrün oder braunen Bananen leckere Snacks zaubern?

Der Auftrag: Dauernd landen Lebensmittel, die noch essbar wären, im Müll – auch bei GEOlino-Autorin Nicole. Mit ihrem zehnjährigen Sohn Carlo und dessen Freund Emil probiert sie Rezepte aus, die gegen die Verschwendung helfen

Text: Nicole Röndigs — Fotos: Julia Hoersch

Viele Köche verderben den Brei? Nicht bei unserem **Küchen-Experiment**! Carlo, Emil und Nicole backen und brutzeln aus Resten gleich drei Leckereien

Sonntags nach unserem Familienfrühstück fühle ich mich manchmal ganz schön mies. Nicht weil ich zu viele Brötchen gefuttert habe – sondern zu wenige. Oft bleiben ein, zwei übrig. Die liegen dann eine Weile rum, und am Ende landen sie doch in der Tonne. Genauso wie wochentags die Endstücke vom Brot, die keiner mag. Von braunen Bananen und eingetrockneten Käseresten ganz zu schweigen!

Klarer Fall: Bei uns zu Hause wandert zu viel Essen in den Müll. Mit dieser schlechten Angewohnheit sind wir nicht allein: Mindestens zwölf Millionen Tonnen Lebensmittel werden in Deutschland pro Jahr weggeworfen. Das sind ungefähr 300 000 Lkw (40-Tonner!) voll – oder eine Lastwagenladung alle ein bis zwei Minuten! Wobei die privaten Haushalte mit 6,1 Millionen Tonnen gut die Hälfte und damit den Löwenanteil daran haben.

Für die Umwelt ist das ein Riesenproblem. Denn um Getreide, Kartoffeln oder Erdbeeren anzubauen, braucht es Platz. Genau wie für Kuhweiden oder Schweineställe. Rund 2400 Quadratmeter werden für die Ernährung eines Deutschen jährlich benötigt, eine Fläche so groß wie zwölf Tennisplätze. Aber wo Äcker, Weiden und Ställe sind, können keine wilden Wiesen, Büsche und Bäume wachsen. Das bedeutet: Wenn wir Lebensmittel produzieren, die wir nicht essen, nehmen wir Pflanzen und Tieren grundlos ihren Lebensraum weg!

Außerdem werden beim Herstellen, Verpacken und Transportieren des Essens klimaschädliche Gase ausgestoßen, unter anderem Kohlendioxid (CO_2) und Methan. Letzteres rülpsen und pupsen Kühe in die Luft, wenn sie ihr Futter verdauen. Und CO_2 wird zum Beispiel von Böden freigesetzt, wenn Wälder gerodet und zu Feldern umgegraben werden. Auch Lastwagen, Züge, Schiffe oder Flugzeuge stoßen das Gas aus, wenn sie Lebensmittel aus weit entfernten Ländern zu uns karren. Rund 13 Prozent von dem, was wir verputzen, stammt aus dem Ausland: Rindfleisch aus Argentinien, Bananen aus Ecuador, Spargel aus Peru. Kein Wunder also, dass wir sechs Millionen Tonnen CO_2 einsparen könnten, wenn alle Haushalte nur noch halb so viel Essen wegwerfen würden. Auch wenn das kaum einem Prozent des CO_2-Ausstoßes in Deutschland entspricht – es ist ein Beitrag zur Einsparung.

Darum heißt es für mich: Schluss mit der Verschwenderei! Ab sofort plane ich meine Einkäufe besser und frage nach, wie viele Brötchen jeder essen möchte, bevor ich zum Bäcker gehe. Und falls doch mal etwas übrig bleibt, wird etwas Leckeres daraus gekocht! Bloß was? Und schmeckt so ein Reste-Essen überhaupt?

Um das herauszufinden, habe ich Rezepte zusammengesucht und mit meinem zehnjährigen Sohn Carlo und dessen gleichaltrigem Freund Emil ein bisschen herumexperimentiert. Hier kommt das Ergebnis:

VERSUCH NUMMER 1:

Kekse aus Matschbananen

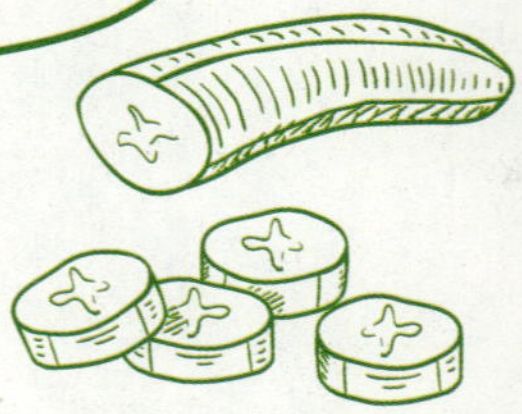

ERWARTUNG:

Emil: „Braune Bananen find ich eklig!"

Carlo: „Aber wenn man da Kekse draus machen kann – prima! Ich frage mich bloß, ob die süß genug werden, weil im Rezept kein Zucker steht."

Ihr braucht:

Für 5 bis 6 Cookies
Zeitaufwand: etwa 20 Minuten

- 2 braune Bananen
- 6–8 Esslöffel blütenzarte Haferflocken
- 1 Prise Salz
- nach Geschmack: Rosinen, Nüsse oder Schokostückchen

So wird's gemacht:

1. Schält die Bananen, gebt sie in eine Rührschüssel und zerdrückt sie mit einer Gabel. Mischt nach und nach so viele **Haferflocken** unter, bis eine feste Masse entsteht. Gebt noch eine Prise Salz und eventuell Nüsse, Rosinen oder Schokostückchen hinzu.

2. Heizt den Backofen auf 190 Grad (Ober- und Unterhitze) vor. Legt ein **Backblech** mit Backpapier aus und gebt mit einem Esslöffel kleine Häufchen von der Masse darauf. Drückt diese mit dem Löffel ein wenig platt.

3. Backt die **Kekse** etwa 12 bis 15 Minuten lang im Ofen.

URTEIL:

Carlo: „Ziemlich gut – und auch schön süß. Ohne Schokolade hätte ich sie aber noch besser gefunden."

Emil: „Super, bloß ein bisschen weich in der Mitte. Ich glaube, wir hätten sie länger im Ofen lassen sollen."

PUNKTE: ●●●●○

Platt gemacht: Aus braunen **Bananen** zaubern die Jungs fix ein paar Cookies. Je flacher diese sind, desto knuspriger werden sie

GEOlino EXTRA Fotos: Julia Hoersch für GEOlino EXTRA; shutterstock (Illustrationen)

VERSUCH NUMMER 2:

Pesto aus Möhrengrün

ERWARTUNG:

Emil: „Pesto aus Basilikum kenne ich, das schmeckt mir. Aber aus Karottengrün?!"

Carlo: „Bei uns zu Hause kriegen das immer die Kaninchen."

Ihr braucht:

Für etwa 250 ml Pesto
Zeitaufwand: etwa 15 Minuten

- etwa 200 g Grün von Bio-Möhren
- 1 Knoblauchzehe
- 150 g Cashewkerne
- 6 Esslöffel geriebenen Parmesan
- 1 Teelöffel Salz
- Saft von 1 Zitrone
- 15 Esslöffel Olivenöl
- Pfeffer

So wird's gemacht:

1. Wascht das **Möhrengrün** gründlich, schüttelt es ein wenig aus und hackt es grob. Schält den Knoblauch und hackt ihn ebenfalls.

2. Röstet die **Cashewkerne** ohne Fett in einer Pfanne, bis sie leicht braun werden und gut riechen.

3. Püriert alle Zutaten im Mixer oder mit dem **Pürierstab** zu einem Pesto. Wenn es zu trocken sein sollte, gebt nach und nach mehr Olivenöl dazu. Schmeckt das Pesto am Ende noch einmal mit Salz und Pfeffer ab.

Im grünen Bereich: Auch die Blätter von **Möhren** oder Radieschen schmecken – als Pesto, zu Salaten oder Suppen. Wichtig: Sie müssen von Bio-Gemüse stammen

URTEIL:

Carlo: „Hmm, echt lecker."

Emil: „Wähh! Riecht wie die Hölle und schmeckt auch so."

PUNKTE: ●●●○○

VERSUCH NUMMER 3:

Bratlinge aus Brotresten

ERWARTUNG:

Carlo: „Kann mir gut vorstellen, dass das schmeckt. Wahrscheinlich wie Arme Ritter, bloß in salzig."

Emil: „Auf die Dinger freu ich mich schon!"

Ihr braucht:

Für 10 bis 12 Bratlinge
Zeitaufwand: etwa 30 Minuten

- 200 g altes Brot in Scheiben oder Würfel geschnitten
- 1 mittelgroße Zwiebel
- 3–4 Esslöffel Semmelbrösel
- 1 Handvoll gehackte glatte Petersilie
- etwas Pflanzenöl zum Braten

So wird's gemacht:

1. Gebt die **Brotreste** in eine Schüssel und übergießt sie mit kochendem Wasser, sodass sie gut bedeckt sind. Lasst das Brot fünf bis zehn Minuten durchweichen und gießt es dann in einem Sieb ab. Drückt es dabei mit einem Esslöffel gut aus.
2. Schält die Zwiebel und würfelt sie fein. Hackt die Petersilie. Hebt dann Zwiebelwürfel, Petersilie und Semmelbrösel unter die Brotstücke und verknetet alles mit den Händen zu einem lockeren **Teig**.
3. Formt aus dem Teig kleine **Patties** (wie ihr sie von Burgern kennt) und bratet sie in einer Pfanne mit reichlich Öl von beiden Seiten knusprig braun – fertig! Dazu passen Pommes und Ketchup.

URTEIL:

Emil: „Sag ich doch: Die schmecken von allem am besten."

Carlo: „Mjam!"

PUNKTE: ●●●●●

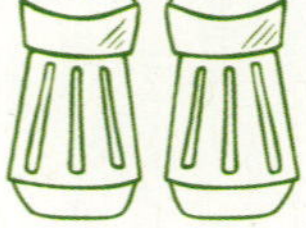

Zweite Chance: Eingeweicht und verfeinert mit klein geschnittenen Zwiebeln, Oliven, Paprika oder Pilzen werden aus altem **Brot** prima Bratlinge

GEOlino EXTRA Fotos: Julia Hoersch für GEOlino EXTRA; shutterstock (Illustrationen)

GUTE FRAGE

Sollte Containern

Ob trockenes Brot, abgelaufene Konserven, matschige Gurken:
Lebensmittel in den Müll. Weil diese oft noch genießbar sind,
Hier lest ihr die Argumente für und

DAFÜR

Vieles ist zu gut für die Tonne

Aus trockenem Brot kann man Bratlinge machen, und die matschige Gurkenspitze lässt sich abschneiden. Wir müssen aufhören, Lebensmittel wegzuwerfen, weil sie nicht mehr ganz perfekt sind! Das findet jedenfalls die wachsende Zahl von „Mülltauchern und -taucherinnen". Sie verabreden sich in sozialen Netzwerken, um abends gemeinsam Supermärkte abzuklappern und deren Müllcontainer zu durchsuchen. Hinterher verbreiten sie Bilder von den leckeren Mahlzeiten, die sie aus ihrer „Beute" zubereitet haben.

Die meisten von ihnen hätten genug Geld, um Essen zu kaufen. Sie containern aus Protest: Wie kann es sein, dass die reichen Länder so viel Essen verschwenden? Schließlich hungern weltweit 690 Millionen Menschen! Zudem belastet die Herstellung von all den weggeworfenen Lebensmitteln die Umwelt enorm.

In jedem Fall regen die Mülltaucher und -taucherinnen mit ihren Posts dazu an, darüber nachzudenken, wie viele Lebensmittel man eigentlich selbst wegwirft (mehr dazu ab Seite 42). Und wenn sie online oder in Zeitungen über ihre Erfahrungen berichten, müssen die Supermärkte sich rechtfertigen. Diese betonen oft, dass sie mit gemeinnützigen Tafeln zusammenarbeiten, die Essen an Bedürftige verteilen. Das ist gut. Und trotzdem landen noch 90 Prozent aller unverkauften Lebensmittel im Abfall. Einige fordern deshalb ein Gesetz, wie es in Frankreich gilt. Das zwingt Supermärkte, sämtliche aussortierten Lebensmittel zu spenden. Zwei Studentinnen sind im Sommer 2020 außerdem bis vor das Bundesverfassungsgericht gezogen. Das sollte feststellen, dass Containern kein Diebstahl ist. Denn sie sind überzeugt: Wenn jemand etwas in den Müll wirft, kann es genauso gut ein anderer nehmen!

erlaubt sein?

Jährlich werfen deutsche Supermärkte rund 2,6 Millionen Tonnen
fischen einige Menschen sie dort wieder heraus. Verbotenerweise!
gegen das sogenannte Containern

DAGEGEN

Containern ist Diebstahl

Das Gesetz in Deutschland sagt klar: Was sich auf einem Grundstück befindet, gehört dem Eigentümer oder der Eigentümerin – selbst der Inhalt der Mülltonne! Wenn jemand also verschrumpelte Kohlrabi aus dem Müllcontainer eines Supermarktes „rettet“ – dann hat er oder sie laut Gesetz gestohlen.

Manche Supermarkt-Betreiber finden es gar nicht schlimm, wenn man sich an ihren Containern bedient, und würden nie Anzeige erstatten. Andere jedoch zäunen ihre Mülltonnen ein und stellen Überwachungskameras auf. Um an weggeworfene Lebensmittel heranzukommen, betreten Mülltaucher und -taucherinnen also häufig private Grundstücke, obwohl das nicht erlaubt ist, und manchmal brechen sie sogar Schlösser auf. All das ist strafbar.

Immer wieder kommt es deshalb zu Anzeigen wegen Diebstahls, wie bei den beiden Studentinnen, die vor das Bundesverfassungsgericht gezogen sind. Dieses urteilte übrigens, dass Containern rechtlich gesehen Diebstahl ist – und daher weiterhin verfolgt werden darf.

Natürlich könnten Politiker und Politikerinnen die Gesetze ändern, aber das wollen viele von ihnen nicht. Sie fürchten zum Beispiel, dass neue Probleme entstehen, wenn künftig jedermann Abfall einfach mitnehmen darf. Außerdem halten sie es für gesundheitlich riskant, wenn immer mehr Menschen Lebensmittel aus dem Müllcontainer holen. Das Essen könnte schließlich verdorben oder mit gefährlichen Keimen befallen sein. Immerhin hat die Politik ein anderes Ziel gesetzt: Bis 2030 sollen in Deutschland nur noch halb so viele Lebensmittel weggeworfen werden wie im Moment. Hoffentlich gelingt es. Denn Abfall zu vermeiden ist natürlich viel besser, als ihn hinterher wieder aus der Tonne zu fischen. Zumindest darin sind sich alle Beteiligten einig.

GEOlino EXTRA Illustrationen: Amin Huschi unter Verwendung von shutterstock

DAS IST IHR JOB

T-Shirts gestalten, Ringe designen, Spielzeugtausch-Partys organisieren: Viele **Berufe** klingen unglaublich spannend. Sind sie es wirklich? Wir machen den Check

— **Protokolle: Nicole Röndigs**

Der Laptop hat den Geist aufgegeben? Dann ab damit zu Roswitha Petersen! In ihrer **Werkstatt** zerlegt sie ausgediente Elektrogeräte, um aus bestimmten Bauteilen Schmuck zu fertigen

Schmucke Stücke: Die Designerin fasst die zurechtgeschnittenen Leiterplatten in **Silber**, beschichtet sie mit Kunstharz und bringt sie auf Hochglanz

ROSWITHA PETERSEN, 38:

SCHMUCKDESIGNERIN

Arbeitsort: die Schmuckwerkstatt Circuit Accessories in Leipzig

So sieht mein Alltag aus: Ich stelle Schmuck aus Elektroschrott her, vor allem aus alten Computerplatinen. Das sind kleine Bauteile, durch die der Strom fließt. Die Geräte bekomme ich meist als Spenden von Firmen oder Bekannten. Als Erstes lege ich die Leiterplatten vorsichtig frei: Mit dem Lötkolben oder der Heißluftpistole schmelze ich sie von anderen Teilen los und schleife sie ab, bis die feinen, glänzenden Leiterbahnen zum Vorschein kommen. Die Stücke, die ich verarbeiten will, schneide ich mit einer Fräse zu winzigen Plättchen aus. Daraus fertige ich dann Ringe, Anhänger oder Ohrclips. Jedes Stück ist einzigartig!

Ich bin Upcycling-Designerin geworden, weil ... es mir Spaß macht, wie eine Archäologin Verstecktes ans Licht zu bringen. Außerdem ist Elektroschrott der Müll, der sich am schwierigsten recyceln lässt. In meinem Schmuck werden wenigstens Teile davon weiter genutzt.

Das mag ich besonders an meinem Job: Das Schönste ist für mich, in den Platten immer neue Muster zu entdecken.

Manchmal nervt mich: Immer wieder fällt mir bei der Arbeit mit Elektroschrott auf, wie wenig wir über diese Dinge wissen. Das gilt auch für mich selbst. Wer kann schon erklären, wie ein Computer funktioniert?

Während meiner Ausbildung habe ich gelernt ... mit Arbeitsmaterialien wie Metallen umzugehen und Werkzeuge richtig zu gebrauchen. Außerdem habe ich in meinem Designstudium ein Auge für schöne, besondere Formen und Muster entwickelt.

Meine Lieblingsstücke sind ... mein Schmuck aus gelben, orange- oder lilafarbenen Leiterplatten. Die sind besonders selten.

Actionfaktor: ★☆☆☆☆

Ist was für: Einzelgänger, Kreative, Geschickte

Raum für Kreativität: In ihrer **Werkstatt** gestaltet Roswitha Petersen neben Ringen, Ohrclips und Anhängern auch Lesezeichen

Mit einer Fräse hat die Designerin kleine Kreise und Vierecke aus den **Leiterplatten** geschnitten – das Ausgangsmaterial für ihren Schmuck

GEOlino EXTRA Fotos: Dirk Knofe (l., r. m., r. u.); Roswitha Petersen (r. o.); shutterstock (Beiwerk)

Sofia Bystedt leitet das erste **Recycling-Einkaufszentrum** der Welt. Es steht in Eskilstuna, 110 Kilometer westlich von Schwedens Hauptstadt Stockholm

SOFIA BYSTEDT, 37 JAHRE:

KAUFHAUS-MANAGERIN

Arbeitsort: das welterste Recycling-Einkaufszentrum Retuna in Eskilstuna (Schweden)

So sieht mein Alltag aus: Als Managerin des Einkaufszentrums kümmere ich mich um 14 Läden auf einmal. Das Besondere an Retuna ist, dass wir nur Gebrauchtes verkaufen: Viele Menschen bringen Dinge, die sie nicht mehr benutzen, zu unserer Sammelstelle. Dort entscheide ich mit meinem Team, welche unserer Shops die Sachen bekommen. Fernseher oder Stereoanlagen gehen zum Beispiel an das Elektrogeschäft; Pullis und Hosen an den Kleiderladen. In den Shops reinigen unsere Mitarbeiter und Mitarbeiterinnen die Sachen erst einmal oder reparieren sie. Manchmal basteln wir aus alten Dingen auch ganz neue Artikel. Wenn dann alles heil und sauber in den Regalen steht, sind die Sachen dann meist schnell verkauft. Zu meinen Aufgaben gehört aber auch, Werbung für Retuna zu machen und Veranstaltungen wie Spielzeugtausch-Partys zu organisieren.

Ich bin Managerin bei Retuna geworden, weil ... ich fest daran glaube, dass Recycling und Upcycling die Zukunft sind!

Das mag ich besonders an meinem Job: Dass er so schön abwechslungsreich ist.

Manchmal nervt mich: „Nerven" ist nicht das richtige Wort, aber manchmal staune ich, für wie viele Leute es völlig ungewohnt ist, gebrauchte Dinge zu kaufen. Wenn man bei Retuna arbeitet, findet man das ganz normal.

Während meiner Ausbildung habe ich gelernt ... mich mit Menschen auszutauschen und sie von neuen Projekten zu überzeugen. Ich habe nämlich Verhaltensforschung und Marketing studiert.

Mein Lieblingsstück ist ... ein tolles Abendkleid, das eine Schneiderin aus einem alten Vorhang gemacht hat. Es ist das Schmuckstück in meinem Schrank!

Actionfaktor: 2 von 5

Ist was für: Teamworker, Organisationstalente

Aufgemöbelt: Gebrauchte **Kommoden**, Stühle und Tische werden bei Retuna in Schuss gebracht und anschließend verkauft

KIRA KIMM, 30 JAHRE:

SCHNEIDERIN

Arbeitsort: die Schneiderwerkstatt des Modelabels Soki in Kassel

So sieht mein Alltag aus: Die erste Kundschaft kommt ab 11 Uhr in den Laden, aber mein Team und ich legen lange vorher los. In unserer Werkstatt hinter dem Verkaufsraum nähen wir zum Beispiel Boxershorts und Shirts, entwerfen neue Stücke oder fotografieren Fertiges für unseren Onlineshop. Einen großen Teil der Kollektion schneidern wir aus alter Bettwäsche. Kundinnen und Kunden bringen uns Kissen- oder Deckenbezüge, die wir zu Jacken, Shorts oder Taschen verarbeiten. Vorher prüfen wir die Stoffe gründlich: Sie dürfen nicht zu dünn sein, keine Löcher oder Flecken haben.

Ich bin Schneiderin geworden, weil ... Nähen seit der Grundschule mein Hobby war und ich nach dem Abitur gern etwas mit den Händen machen wollte. Die Idee zu unserer Upcycling-Mode kam mir und einer Kollegin nach einem Unglück in einer Textilfabrik in Bangladesch, wo billige Kleidung für europäische Modefirmen hergestellt wurde. Das heruntergekommene Gebäude war eingestürzt; viele Näherinnen starben. Wir wollten Kleider machen, für die niemand ausgebeutet wird und die auch keine Umweltschäden verursachen. Da gibt es nichts Besseres, als alte Stoffe noch einmal zu benutzen.

Das mag ich besonders an meinem Job: Ich kann kreativ sein und immer wieder Neues ausprobieren.

Manchmal nervt mich ... dass wir nicht immer genug Stoff für alle unsere Ideen haben.

Während meiner Ausbildung habe ich gelernt ... sehr genau zu arbeiten und streng mit mir selbst zu sein. Als gute Schneiderin darf ich nicht pfuschen!

Meine Lieblingsstücke sind ... alle Sachen, an denen unsere Kundschaft richtig hängt. Wir nähen aus der geerbten Bettwäsche der Oma auch mal eine Pyjamahose als Andenken.

Actionfaktor: ★☆☆☆☆

Ist was für: Teamworker, Kreative

Im Laken-Lager stapelt sich alte **Bettwäsche**. Bei Soki entstehen daraus Shirts und Unterwäsche

Kira Kimm gibt **Stoff**: Seitdem sie vor sechs Jahren Soki mitgegründet hat, setzt sie sich für nachhaltige Mode ein

Erfolgsmodelle: Bei Kunden sind vor allem die bunten **Boxershorts** aus alten Bettbezügen beliebt

GEOlino EXTRA Fotos: Retuna-recyclingmall (l.); Mario Stahl (r. o.); Anna Forssman (r. m.); Nick Mitmanski (r. u.); shutterstock (Beiwerk)

Zahlen, bitte!

1994

taucht der Begriff **Upcycling** das erste Mal in einer Zeitschrift auf. Das britische Magazin „Salvo" zitiert den deutschen Ingenieur Rainer Pilz, der fordert, dass alte Dinge nicht einfach weggeworfen, sondern in wertvollere umgewandelt werden sollten.

95

Prozent Energie spart es, altes **Aluminium** zu recyceln oder upzucyceln, statt neues herzustellen.

10

Reparaturcafés gibt es in Hamburg – **Werkstätten**, in denen Menschen bei Kaffee und Kuchen geholfen wird, ihre Alltagsgegenstände zu reparieren.

44,4

Millionen Ergebnisse liefert die **Suchmaschine** Google, wenn man das Wort Upcycling eingibt.

1774 erfand der Göttinger Professor Justus Claproth ein Verfahren zur Herstellung von Schreibpapier aus bedrucktem **Altpapier**. Richtig zum Einsatz kam es aber erst rund 200 Jahre später.

41 Prozent der Deutschen können sich laut einer Umfrage vorstellen zu containern, also Dinge aus **Mülleimern** zu holen, wenn diese noch brauchbar sind (mehr dazu lest ihr auf Seite 48).

17

Millionen Paar Schuhe will eine deutsche Sportartikelfirma in diesem Jahr aus **Plastikmüll** herstellen – knapp vier Prozent ihrer gesamten Schuhproduktion.

2015

erschien der erste **Upcycling-Basteltipp** in einem GEOlino-Heft: Aus alten Plastikflaschen machten wir damals schicke Boxen für Stifte und anderen Krimskrams.

GEOlino EXTRA Illustrationen: shutterstock

Rund **6000** Besucher kamen 2015 zur **Eröffnung** der Retuna-Mall in der schwedischen Stadt Eskilstuna. Nach eigenen Angaben ist es das weltweit erste Einkaufszentrum, in dessen 14 Läden nur re- und upgecycelte Waren angeboten werden (mehr darüber lest ihr auf Seite 54).

GUTE NACHRICHT

Bis zu **80 000** Müllkippen gab es Anfang der 1970er-Jahre in Deutschland, 2019 sind es nur noch 1027 **Deponien**. Der größte Teil des Abfalls wird inzwischen sortiert und wiederverwertet oder verbrannt, was ebenfalls umweltschonender ist.

5 Gramm **Haare** eines Menschen braucht eine Schweizer Firma mindestens, um daraus einen Andenkendiamanten zu pressen. Ein solches Juwel kostet ab 4000 Euro.

Mehr als **10 000 000** Euro zahlte ein Kunstmuseum aus Chicago im Jahr 2018 für die **Skulptur** „Porte-bouteilles" (übersetzt: „Flaschenhalter") des Künstlers Marcel Duchamp. Es besteht aus einem gewöhnlichen Ständer zum Trocknen von Flaschen, den Duchamp 1959 einfach zu einem Kunstwerk erklärte und es damit „upcycelte".

88 Milliarden PET-Einwegflaschen stellte das Unternehmen Coca Cola im Jahr 2019 her. Zu einer Kette aneinandergereiht würden die Flaschen 31-mal bis zum **Mond** und zurück reichen. Mindestens die Hälfte des verwendeten Kunststoffs ist aus alten Flaschen recycelt.

Um **52** Prozent reduziert ist in Schweden die Mehrwertsteuer für kleinere **Reparaturarbeiten**. Damit will die Regierung die Menschen dazu bringen, kaputte Sachen von Handwerkern reparieren zu lassen, statt neue zu kaufen.

SCHÜLERPROJEKT

»Es freut uns, dass etwas so Sinnvolles entstanden ist«

Schick? Aber sicher! Die **Turnbeutel** aus alten Warnwesten sorgen dafür, dass Kinder im Straßenverkehr besser gesehen werden

Im Nähraum der Jugendwerkstatt Meppen schneidern **Parwana** (vorn) und **Alina** (hinten) an zwei Vormittagen pro Woche Sportbeutel

Was tun mit ausgedienten Warnwesten von der Polizei? Ein paar Jugendliche aus dem niedersächsischen Meppen schneidern daraus schicke **Sportbeutel**. Mit dabei: Parwana, 17 Jahre alt, und Alina, 18. Hier erzählen sie, warum das ein buchstäblich leuchtendes Upcycling-Beispiel ist

— Protokoll: Simone Müller

Dass unser Projekt überhaupt zustande gekommen ist, haben wir der Polizistin Sina Selter zu verdanken. Wir haben sie in einem Selbstverteidigungskurs kennengelernt, den sie hier in der Jugendwerkstatt der Volkshochschule Meppen anbietet. Als sie mitbekommen hat, dass wir auch bei einer Nähgruppe mitmachen, fiel ihr ein, dass bei der Polizei noch einige alte Sicherheitswesten im Keller rumliegen. Die wurden aussortiert, weil neue Westen in einer anderen Farbe eingeführt wurden oder weil sie einfach kaputt waren. Jedenfalls hat Sina Selter uns gefragt, ob wir daraus nicht etwas schneidern wollen.

Unserer Nähgruppe hat die Idee gefallen, und wir haben angefangen, Portemonnaies aus den Westen zu fertigen. ▸

GEOlino EXTRA Fotos: Janet Große; shutterstock (r. u.)

Später kamen wir dann auf die Sportbeutel. Das fanden wir noch schöner, weil das sogar einen Zusatznutzen hat: Wer die Turnbeutel trägt, wird im Straßenverkehr besser gesehen, gerade wenn es dunkel ist.

Zu unserer Gruppe gehören insgesamt fünf Mädchen und ein Junge, unsere Leiterin heißt Kerstin Möller. Getroffen haben wir uns im Nähraum der Jugendwerkstatt. Der ist mit allem ausgestattet, was man so braucht. Parwana konnte schon vor dem Projekt mit der Nähmaschine umgehen, ihre Mutter hat es ihr beigebracht. Deshalb ging das mit den Westen bei ihr von Anfang an ganz gut. Für Alina war es das erste Mal. Sie musste sich vor allem daran gewöhnen, dass man bei einer Nähmaschine mit einem Fußpedal „Gas gibt".

Eine Frage der Schere: Ein **Muster** aus Papier hilft dabei, die Stoffteile passend zuzuschneiden

Randarbeit: Das obere Ende wird umgeklappt und festgenäht, sodass ein **Tunnel** entsteht. Durch diesen ziehen die Jugendlichen später die Kordel

Gut abgeschnitten: Seitdem die **Handgriffe** sitzen, läuft die Westen-Produktion bei Parwana und Alina wie am Schnürchen

GEOlino EXTRA Fotos: Janet Große

Polizistin Sina Selter (ganz links) und das **Nähteam** präsentieren ihr Produkt. Insgesamt 22 Beutel hat es geschneidert, genug für eine ganze Schulklasse

Zuerst haben wir Schnittmuster aus Papier angefertigt, damit wir wissen, welche Form der Turnbeutel haben und wie groß er werden soll. Die Schnittmuster haben wir mit Nadeln auf den Polizeiwesten festgesteckt und dann alles zugeschnitten. Anschließend haben wir die einzelnen Teile zusammengenäht und oben am Bund die Träger durchgefriemelt. Sogar die Stoffreste haben wir später noch verwertet und aus den Abschnitten zum Beispiel Schlüsselanhänger gefertigt. Alle ausgedienten Warnwesten, die wir bekommen konnten, haben wir so inzwischen verarbeitet

Vor unserem Projekt hatten wir noch nie etwas upgecycelt, aber jetzt haben wir ab und zu Ideen, was man vielleicht noch gebrauchen und umfunktionieren könnte. Eine von uns hat zum Beispiel eine Tasche aus einer abgetragenen Jeans genäht und die andere ein Kopftuch aus übrig gebliebenem Stoff. Es ist schön, wenn man aus alten Sachen etwas Neues herstellt, damit man nichts unnötig wegschmeißt.

Am meisten freuen wir uns aber darüber, dass bei unserem Projekt etwas so Sinnvolles entstanden ist. Die Turnbeutel wollen wir nämlich an Fünftklässler verschenken, die auf die Christophorusschule in unserer Nachbarstadt gehen. So sorgen wir dafür, dass sie sicher im Straßenverkehr unterwegs sind. Leider konnten wir die Übergabe wegen Corona noch nicht machen. Wann es so weit sein wird, wissen wir nicht. Wir wollen aber auf jeden Fall alle dabei sein! ■

GEOlino WERKSTATT

ES RAPPELT

NÜTZLICHES AUS GETRÄNKEVERPACKUNGEN

VORBEREITUNG

1 Wascht den **Karton** aus und lasst ihn trocknen. Knautscht und verdreht ihn so lange, bis er „weich" ist.

2 Knibbelt die oberste, bedruckte **Lage** ab, sodass der eigentliche Karton zum Vorschein kommt. Geht das nur schwer, wiederholt Schritt 1 und versucht es noch mal.

GEOlino EXTRA Fotos: Melanka Helms für GEOlino EXTRA; shutterstock (Illustrationen)

IM KARTON

Und nicht nur das: Es blüht und klimpert darin auch. Denn leere Saft- und **Milchtüten** lassen sich zu Federmappen, Geldbörsen und Blumentöpfen upcyceln

FEDERMAPPE

IHR BRAUCHT: 1 vorbereiteten Getränkekarton • Schere • Lineal • Stifte • Nadel • 1 m Baumwollfaden • 1 Knopf

1 Schneidet die Oberseite und den **Boden** des Getränkekartons ab. Schneidet ihn dann entlang einer Kante auf und legt ihn flach vor euch hin. Begradigt die Schnittkanten.

2 Legt den Karton hochkant vor euch, messt von der **Unterkante** aus 10 cm ab und faltet das Stück nach oben.

3 Näht den **Knopf** mittig etwa 2 cm von der unteren Kante entfernt an. Wenn ihr die obere Klappe umschlagt, sollte er noch zu sehen sein.

4 Näht die Seiten mit dem sogenannten **Überwendlichstich** (siehe unten) zusammen. Ihr braucht dafür insgesamt etwa 30 cm Faden.

5 Knotet einen etwa 60 cm langen **Faden** um den angenähten Knopf. Mit diesem könnt ihr euer Federmäppchen verschließen, indem ihr es mehrfach um die Mappe und anschließend um den Knopf wickelt. Bestickt euer Werk mit Wolle oder malt es an.

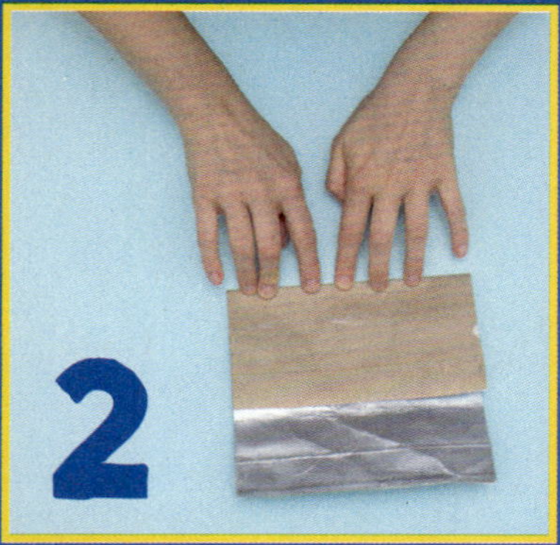

ÜBERWENDLICHSTICH:

Fädelt den Faden durch das Nadelöhr und stecht mit der Nadel unten an der geschlossenen Seite ein Loch durch die Papplagen. Dieses sollte ungefähr 5 mm Abstand zur unteren und zur seitlichen Kante haben. Zieht Nadel und Faden durch das Loch und dann an der **Außenkante** herum. Knotet den Faden doppelt mit dem losen Ende zusammen.
Stecht das nächste Loch etwa 5 mm oberhalb vom ersten, wickelt den Faden erneut um die Außenkante und stecht das nächste Loch. So verfahrt ihr weiter, bis ihr an der oberen Kante ankommt. Befestigt dort das Ende vom Faden wieder mit einem Knoten. Eine Anleitung mit Bildern findet ihr auf: www.geolino.de/naehstich

HIER GEHT'S WEITER!

GELDBÖRSE

IHR BRAUCHT:
1 vorbereiteten Getränkekarton • Schere • Tacker • 6 cm selbstklebendes Klettband

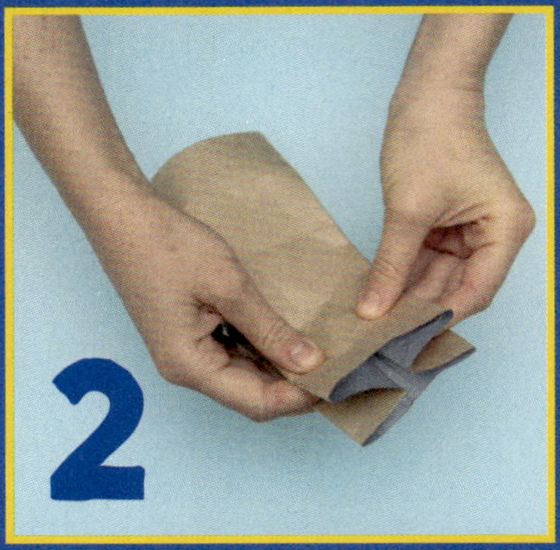

1 Schneidet die Oberseite und den **Boden** des Getränkekartons ab und begradigt die Schnittkanten.

2 Knickt die **Seitenwände** des Kartons wie auf dem Bild nach innen, sodass sich der Karton flach zusammenfaltet. Streicht die gefalteten Linien fest.

3 Knickt je ein Drittel der Verpackung von unten und von oben zur Mitte. Aus dem unteren und dem mittleren Teil werden die **Geldfächer**, der obere wird zur Deckelklappe.

4 Schneidet den Karton an der **Deckelklappe** entlang der beiden hinteren Falten bis zum Querknick ein – wie auf dem Foto zu sehen.

5 Schneidet die innenliegenden **Lagen** entlang dem Querknick ab. Übrig bleibt damit also nur die oberste Lage.

6 Faltet eure Geldbörse ein Stück auf und heftet mit dem **Tacker** die beiden Fächer in der Mitte zusammen. Schiebt den Tacker dafür möglichst weit nach innen.

7 Klebt ein Stück **Klettband** in die Deckelklappe, das Gegenstück passgenau auf das äußere Fach.

8 Bleibt der **Klettverschluss** nicht richtig kleben, tackert ihn zusätzlich fest.

IHR BRAUCHT:
1 vorbereiteten Getränkekarton • Schere • Stifte oder Wasserfarben • Lineal

BLUMENTOPF

1 Zeichnet in 15 cm Höhe – vom Boden aus gemessen – eine umlaufende **Linie** auf den Karton. Schneidet den oberen Teil entlang der Linie ab.

2 Krempelt den **Rand** vorsichtig nach außen um und streicht ihn glatt.

3 Schlagt ihn ein weiteres Mal um, diesmal etwa 4 cm breit. Streicht alles erneut glatt. Jetzt könnt ihr den **Topf** anmalen.

NOCH MEHR UPCYCLING-IDEEN

EINGEPACKT:
Strumpf ist Trumpf! Wir zeigen euch, wie ihr eine **Handyhülle** aus einer einzelnen Socke näht.

ERHELLEND:
Ein strahlendes Beispiel für Upcycling ist dieses **Leuchtglas**. Macht sich prima auf dem Nachttisch in eurem Zimmer.

NÜTZLICH:
Auf diesen **Nistplatz** fliegen Insekten wie Wildbienen. Bastelt ihn aus einer Konservendose nach!

MACHT WAS DRAUS!
Diese und mehr Anleitungen für Basteleien aus Altpapier, Glas, Stoffresten oder Verpackungen findet ihr auf www.geolino.de/upcycling-ideen

GEOlino EXTRA Fotos: Melanka Helms für GEOlino EXTRA; GEOlino (r. u., 2); Franziska Fiolka (r. u. r.); shutterstock (Illustrationen)

EIN DORF AUS PLASTIKMÜLL

Plastik unter Palmen: Rund um das **Dorf** türmen sich Tüten und Verpackungen (oben links). Die Bewohnerinnen und Bewohner stopfen den **Abfall** in Plastikflaschen (oben rechts), um daraus Mauern und Einfassungen für **Blumenbeete** zu bauen

Backsteine, Holz, Beton – daraus werden Häuser normalerweise gebaut. Aber aus **Plastikflaschen**, Tüten und anderem Müll? Geht auch! Die Bewohnerinnen und Bewohner von Bukit Lawang, einem Dorf im Norden der indonesischen Insel Sumatra, machen es vor

— Text: Sara Mously

Konzentriert wickeln Jesika und Cici lange, dünne Plastikstreifen auf einen Holzstab, immer rundherum. Auf dem Fußboden liegen in einem Knäuel noch viel mehr davon: säuberlich zerschnittene, hellblaue und rosafarbene Plastiktüten. Die beiden Freundinnen sind zwölf Jahre alt, sie leben im indonesischen Dorf Bukit Lawang und machen mit bei der „Green Class", was so viel bedeutet wie „Grüner Unterricht".

In der Nachmittags-AG lernen die Kinder des Dorfes viel über die Natur: welche Wale rund um ihre Insel zu Hause sind. Oder dass die Orang-Utans, die sich in den Bäumen hinterm Fluss von Ast zu Ast schwingen, vom Aussterben bedroht sind. Auch Ausflüge gehören zum Programm, Spiele, Lieder – und jede Menge Basteln. Aus den langen Plastiktüten-Streifen werden die Mädchen später Taschen häkeln, kleine Körbe und Schlüsselanhänger. Aus Müll lässt sich aber noch viel mehr machen: Haarreife, Flipflops – und in Bukit Lawang sogar ganze Häuser.

STECKBRIEF:
Indonesien

Region: Südostasien
Hauptstadt: Jakarta
Fläche: 1 913 579 Quadratkilometer, gut fünfmal die Fläche Deutschlands
Einwohner: 271,7 Millionen
Davon Kinder: 73,4 Millionen

PROBLEME IM PARADIES

Das Dorf liegt am Rand des Gunung-Leuser-Nationalparks mit üppigen Regenwäldern, in dem Sumatra-Nashörner, Sumatra-Tiger, Waldelefanten und vor allem Orang-Utans leben. Cici, Jesika und die anderen Kinder spielen unter Mango- und Avocadobäumen, Hühner picken im Schatten von Bananenstauden ihr Futter. Klingt nach tropischem Paradies – wäre da nicht dieser verflixte Müll. Wohin man auch schaut, häufen sich Plastikflaschen und verbeulte Dosen, Tüten und Essensreste. Sie stapeln sich hinter den Häusern, treiben in Wassergräben und gammeln an den Straßenrändern vor sich hin.

Der Müll bereitet Sabarata Bangun schon lange Kopfzerbrechen. Der Mann ist 48 Jahre alt, wie viele andere in Bukit Lawang baut er in seinem Garten Bohnen, Kaffee und Chilipflanzen an. Und wie ▸

Sabarata Bangun (links) und Leonie Deimann (rechts) bauen in ihrem **Projekt** auf – und mit – Plastikmüll

GEOlino EXTRA Fotos: Project Wings; Illustrationen: shutterstock

Weg mit dem Müll! Ob Kinder oder Erwachsene – in **Bukit Lawang** packen alle mit an. Insgesamt 250 Tonnen Plastikabfall wollen sie sammeln und verbauen

Die Dorfbewohnerinnen und -bewohner sortieren und trocknen den Plastikabfall. Dann stopfen sie ihn in **Flaschen**, bis diese proppenvoll und schwer wie Ziegelsteine sind

viele andere auch verdient er sich mit dem Tourismus etwas dazu. Ihm gehört eine kleine Hütte am Rand des Nationalparks, die er an Besucher vermietet. „Ich liebe meine Heimat, unsere großartige Natur“, sagt Sabarata. „Doch leider ist sie in Gefahr. Nicht nur, dass viel Urwald gerodet wird, um Platz für Palmöl-Plantagen zu schaffen. Auch Müll ist ein großes Problem.“

Rund 272 Millionen Einwohnerinnen und Einwohner hat Indonesien – mehr als dreimal so viele wie Deutschland. Tag für Tag produzieren sie mehr als 175 000 Tonnen Abfall. Würde man den in Müllautos laden und diese aneinanderreihen, ergäbe das eine Kolonne von Hamburg bis etwa nach Flensburg (oder von München bis Nürnberg, falls ihr euch in Süddeutschland besser auskennt).

Nicht einmal ein Fünftel wird getrennt und recycelt. Entweder kommt die Müllabfuhr und kippt alles – vom leeren Benzinkanister bis zur vollen Windel – auf riesige, stinkende Deponien. Oder sie kommt nicht, und die Menschen müssen selbst zusehen, wie sie die Abfälle loswerden. In ihrer Ratlosigkeit verbrennen viele ihren Müll, vergraben ihn oder werfen ihn in den nächstgelegenen Fluss.

EINE GENIALE ERFINDUNG

„Es macht keinen Spaß, sich das anzuschauen“, sagt die 23-jährige Leonie Deimann aus Deutschland. Einer ihrer Freunde hatte das Dorf und die kreativen Mädchen und Jungen der „Green Class“ auf einer Reise kennengelernt und ihr davon erzählt. Kurz darauf gründeten sie mit zwei weiteren Freunden das Unternehmen „Project Wings“ (auf Deutsch: „Projekt Flügel“), um das Müllproblem gemeinsam mit den Menschen von Bukit Lawang anzugehen. Sie besuchten das Dorf und unterhielten sich lange mit den Bewohnerinnen und Bewohnern, recherchierten im Internet und fanden schließlich eine so einfache wie geniale Erfindung: den „Ecobrick“, was so viel heißt wie „ökologischer Ziegelstein“.

Der besteht aus einer leeren Plastikflasche, in die man mithilfe eines Stocks Tüten und andere Plastikabfälle stopft, bis sie proppenvoll ist und etwa ein halbes Kilo wiegt. Aus den Bausteinen lassen sich Häuser bauen. Mehr noch: In Bukit Lawang soll ein richtiges kleines Recycling-Dorf entstehen. Mit Büros, einer Markthalle, einem Regenwaldmuseum, ▶

GEOlino EXTRA Fotos: Project Wings; Illustrationen: shutterstock

Nachwachsender Rohstoff: **Bambus** sprießt auf Sumatra überall. Weil die holzigen Stangen sehr stabil sind, dienen sie als Grundgerüst für das neue Bildungszentrum

Stein auf Stein – oder eher: Flasche auf Flasche – mauert dieser freiwillige Helfer eine **Wand**. »Ecobricks« nennen sie den Upcycling-Baustoff, »Ökoziegel«

Dick aufgetragen: Zum **Schutz** vor Wind und Regen verputzen diese beiden Männer die Ecobrick-Mauern mit Lehm

Das »Green Education Café« (auf Deutsch: »Café für Umweltbildung«) ist ein beliebter **Treffpunkt** (oben). Auf einer kleinen **Farm** in der Nähe wächst Bio-Obst und -Gemüse (unten)

einem Restaurant und einem großen Sportplatz zum Toben.

Sabarata Bangun war von Anfang an begeistert und hilft mit. „Zuerst errichtet man ein Gerüst aus dicken Bambusstangen", erklärt er die Prozedur. Es wächst viel Bambus auf Sumatra, die holzigen Stangen sind sehr stabil. In die Lücken werden die vorbereiteten Ecobricks gestapelt, immer eine Reihe auf die nächste. „Schließlich werden die Mauern mit Lehm verputzt, den die Leute aus Reishülsen, Kuhmist, Erde und Wasser herstellen." Der Putz lässt sich toll bemalen, und er verhindert, dass sich durch Sonne und Regen winzige Teilchen der Plastikflaschen ablösen und in die Natur geraten.

Alle Bewohnerinnen und Bewohner von Bukit Lawang können Flaschen-Ziegelsteine herstellen und sie bei Project Wings abliefern. Pro Flasche erhalten sie 5000 Indonesische Rupiah, umgerechnet 30 Cent, so viel etwa kostet hier eine warme Mahlzeit. „Gerade jetzt, wo wegen Corona die Touristen fehlen, ist das eine tolle Möglichkeit, Geld zu verdienen", freut sich Sabarata Bangun. Er und die anderen sind stolz auf das erste Plastikflaschen-Haus, das bereits fertig ist: Das „Green Education Center" („Grünes Bildungszentrum"). Es ist das nagelneue Zuhause der Grünen Schule von Jesika und Cici mit Platz zum Spielen, Lernen – und für viele neue Upcycling-Experimente. ■

Wegen Überfüllung geschlossen: Lange wurden die Ecobricks im Café gesammelt. Als dieses aus allen Nähten platzte, wurde ein eigenes **Lager** dafür gebaut. Aus einer halben Million Ökoziegel soll bis Ende des Jahres das größte Recycling-Dorf der Welt entstehen

GEOlino EXTRA Fotos: Project Wings; Illustrationen: shutterstock

RÄTSEL

Extratour

Habt ihr schon alle Geschichten gelesen? Dann knackt ihr diese Knobeleien bestimmt. Wenn nicht: Viel **Spaß** beim Suchen! Die Lösungen verstecken sich nämlich im Heft

1. Auf wen treffen folgende Aussagen zu?

- Steht auf Blau
- Beklaut seine Artgenossen
- Lebt im Osten und Südosten Australiens

2. Was haben wir hier zusammengesetzt?

3. Wozu schmecken diese Kerne?

4. Was passt nicht in die Reihe?

Felge auf Hocker • Flaschenhalter • E-Bike • Sattel und Fahrradlenker

5. Sechs Freunde sprechen über Upcycling. Wie viele sagen die Wahrheit? Kombiniert ihre Aussagen, um es herauszufinden!

6. Was wird aus diesem Objekt?

7. Ungefähr 640 000 Tonnen Fischernetze landen jedes Jahr in den Ozeanen – ein riesiges Problem. Welche Aussage über sie stimmt nicht?

A Die Netze treiben rund 700 Jahre im Wasser, bis sie sich zersetzen, viel länger als etwa Plastikflaschen.

B In den Geisternetzen verheddern sich Fische, Robben, Schildkröten und Vögel und verenden qualvoll.

C 1250 Kilometer lang sind die Netze, die allein in Europa jedes Jahr versenkt werden.

D In dem riesigen Plastikteppich, den die Netze im nördlichen Pazifik bilden, blieben im Jahr 2020 elf Kreuzfahrtschiffe stecken.

8. Was war so mancher Diamant in seinem früheren Leben?

9. Wer stinkt nicht zum Himmel?

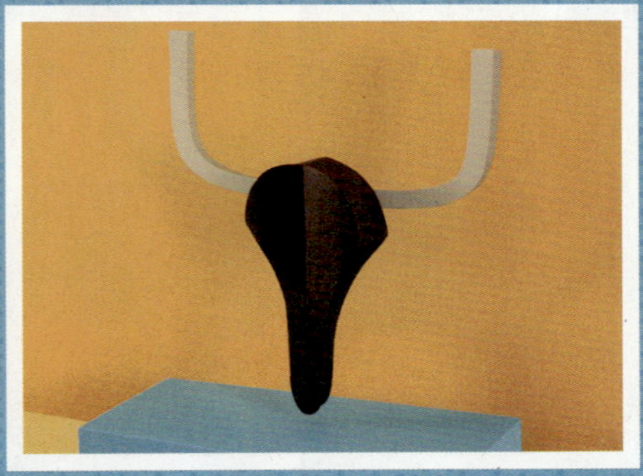

AUFLÖSUNG

1. Der Seidenlaubenvogel schmückt sein Nest mit blauen Dingen, um Vogeldamen anzulocken
(mehr dazu ab Seite 40)

2. Kopf und Beine stammen von der Elefantenskulptur am Anfang des Heftes, der Container ist ein Büro in London, der Schwanz besteht aus Geisternetzen
(mehr dazu auf Seite 6 und 10 sowie ab Seite 22)

3. Zu Pesto aus Möhrengrün
(mehr dazu ab Seite 42)

4. Das E-Bike ist kein bekanntes Readymade-Kunstwerk
(mehr dazu ab Seite 28)

5. Alle außer Bob haben recht
(mehr dazu auf Seite 64, 16 und 19)

6. Ein Schmuckstück
(mehr dazu ab Seite 52)

7. D. Der Plastikteppich im Nordpazifik ist riesig, Kreuzfahrtschiffe sind darin aber noch nicht stecken geblieben
(mehr dazu ab Seite 22)

8. Ein Mensch
(mehr dazu ab Seite 56)

9. Der Stierkopf besteht aus einem Bronzesattel und einem Lenker, stinkt also nicht
(mehr dazu ab Seite 28)

GEOlino EXTRA Fotos: Julia Hörsch (l. u.); Manuel Kilger (r. m. r.); imago (r. u. l.); Maren Schabhüser (r. u. r.); shutterstock

Die
DOPPEL-X-AGENTEN

Folge 17: Die Mist-Maschine

Ein Junge im Rollstuhl, ein dickköpfiges Mädchen und eine Schildkröte mit Sprachfehler: Das sind die Doppel-X-Agenten. Sie lüften so manches Geheimnis – im Auftrag von Professor XX

Idee & Text: Björn Krause —— Illustration: Manuel Kilger

Ich habe hier einen offenen Laufstall mit 300 Milchkühen. Und die lassen pro Tag 17 000 Liter Gülle ab, also Urin und Kot. Das sind in etwa 115 Badewannen voll.
Was für ein Mist! Mit dem Bild im Kopf werde ich nie wieder entspannt ein Bad nehmen können.
Die Gülle wird in diesem Tank gesammelt. Sie ist eigentlich recht nützlich, weil in ihr viele Nährstoffe stecken, die Pflanzen zum Wachsen brauchen. Deshalb wird sie als Dünger verwendet. Allerdings werden hierzulande so viele Tiere gehalten, dass mehr Gülle entsteht, als Böden und Pflanzen aufnehmen können. Jedes Jahr produzieren Rinder und Schweine davon mehr als 200 Milliarden Liter! Wird das alles auf die Äcker gekippt, versickert ein Großteil und schadet dem Grundwasser und damit unserem Trinkwasser.
Deshalb dürfen wir Bauern oft nur noch einen Teil zum Düngen der eigenen Felder verwenden. Was übrig bleibt, fahren manche quer durchs Land oder sogar bis ins Ausland, um es loszuwerden, aber das möchte ich nicht. Deshalb hoffe ich, dass ihr eine Idee habt, was ich mit dem Mist anstellen kann.
Agent Rocket macht sofort einen Vorschlag
Kipp das Zeug doch einfach in den näschsten See.
Und auch Agent Power fällt direkt etwas ein
Nee, ich weiß etwas Besseres! Also da gibt es den nervigen Peter in meiner Parallelklasse, der ständig mit seinem neuen Pool im Garten angibt …

Nein, das machen wir natürlich nicht. Nichts davon! Ich habe einen anderen Vorschlag, Onkel Bernhard. Ich sage nur zwei Worte: Upcycling und Phosphor!
Phosphor? Klingt nach Chemie. Ich hasse Chemie!
Warte nur ab, bis isch fertig bin. Dann wirst du es lieben! Phosphor ist ein schemiches Element mit dem Symbol P und der Ordnungszahl 15. Im Periodensystem chteht es in der fünften Hauptgruppe. Der Name leitet sisch aus dem Altgrieschischen ab und bedeutet „lischttragend", weil Phosphor bei der Reaktion mit Sauerchtoff leuschtet.
Ähm …
Ist das eure Reaktion? Schemie ist mein absolutes Lieblingsfach! Deshalb weiß isch auch ganz genau, was für eine Idee du hast, Luke. Und die ist absolut brillant! Lass uns sofort mit dem Umbau beginnen.
Umbau? Was meint Jada damit? Das fragt sich auch Landwirt Bernhard
Wovon, verflixt und zugenäht, redet die Schildkröte da?
Wir bauen eine Anlage, die die Gülle bis auf den letzten Tropfen verwertet. Du hast es doch selbst gesagt: Darin stecken unter anderem wertvolle Nährstoffe für Pflanzen.
Jada fällt Luke ins Wort
Genau! Da chteckt eben Phosphor drin, den Deutchland anderen Ländern abkauft, weil es bei uns keine eigenen Vorkommen gibt. Aber auch Chtickchtoff, Kalium und Magnesium, alles wertvoller Dünger, den man verkaufen kann. Zudem lässt sisch aus der Gülle Biogas machen …
Aber was wollt ihr umbauen?
Ach ja. Also, ähm, deine Scheune! Dort bauen wir die Anlage ein.
Ist das nischt großartig?! Damit würdest sprischwörtlisch aus Ch**** Gold machen, äh Geld. Du wirst vielleischt Güllionär!

Onkel Bernhard versteht zwar nur die Hälfte, stimmt dem Bau mit der Aussicht auf den Zusatzverdienst jedoch sofort zu. Bald haben die Agenten alles für ihr Projekt zusammen und fangen an zu werkeln
Nach ein paar Tagen Schrauben, Hämmern, Sägen präsentieren die Agenten Bauer Bernhard ihr Werk
Tatatataaaaaaaaaa!

Komm rein, dann erklären wir dir alles.
Um das Beste aus der Gülle herauszuholen, wird zunächst der flüssige Anteil abgepresst.
BROCKEN
PLÖRRE
Die festen Brocken und die Plörre werden dann jeweils in diesen beiden Chtahlkuppeln zu Biogas vergoren …
… aus dem dieses Blockheizkraftwerk Strom und Wärme gewinnt.
Die Gärreste aus der Biogasanlage wandern in diese Zentrifuge hier, die im Chleudergang nochmals das Feste vom Flüssigen trennt.
Die Feststoffe werden dann getrocknet und zu Phosphorasche verbrannt. Diese Krümel hier taugen zum Beispiel als Dünger. Solche Anlagen gibt es bereits. Was jetzt kommt, ist hingegen ziemlich neu!

Die Agenten haben tatsächlich geschafft, woran Wissenschaftler noch tüfteln
Diese Maschine hier, wir nennen sie das Power-Expansions-Nährstoff-Gerät, stellt aus der Asche Phosphorsäure her, die für die Verarbeitung von Metall verwendet werden könnte, eventuell sogar bei der Computerchip-Herstellung. Ob sie dafür wirklich taugt, findet allerdings jemand anderes heraus.
Der Name P.E.N.G. ist übrigens meine Idee.
Jetzt muss sich Onkel Bernhard erst einmal hinsetzen
Und wer bitte schön soll das sein?
KLOPF KLOPF
Dieser Mann da. Wir haben ein paar unserer Kontakte für dich spielen lassen.
Hallo! Mein Name ist Tom Koch, und ich arbeite bei einem Tech-Konzern. Ich würde Ihnen gern ein exklusives Angebot für das Verfahren machen, das hier entwickelt wurde. Was die Agenten mir erzählt haben, klingt äußerst vielversprechend. Wenn wir die dabei gewonnene Phosphorsäure wirklich nutzen können, komme ich mit noch so einem Koffer wieder.
Jetzt habe ich aber echt Durst. Ich habe die ganze Zeit nichts getrunken.
Hier, Luke. Nimm einen Schluck H_2O!
Na, jetzt cheint die Schemie auch bei dir zu chtimmen, Maya!
Unglaublich ...
ENDE

TIPPS & INFOS

Mehr zum THEMA

TOP-3 BÜCHER

TONNENWEISE TIPPS

Seien wir mal ehrlich: Auch getrennter Abfall ist und bleibt Müll. Das Buch „Zu gut für die Tonne“ animiert euch dazu, aus den Containern das Beste herauszuholen. Lesezeichen aus Papier zum Beispiel, das ihr aus dem Inhalt der blauen Tonne selbst herstellt. Aus dem Gelben Sack rettet ihr Plastikflaschen für schicke Blumentöpfe. Und bevor ihr etwa Avocadokerne, Salatstrünke oder das Wurzelende von Frühlingszwiebeln in die grüne Tonne werft, schnappt ihr sie euch als Setzlinge für frische Pflanzen. Die Tipps in dem Buch sind übersichtlich und einfach umzusetzen.

Zu gut für die Tonne • Dorling Kindersley • 48 Seiten • 9,95 Euro

LEICHT NACHZUMACHEN

„Einfach nachhaltig basteln“ zeigt euch, was ihr aus Eierkartons, Plastikflaschen oder Korken herstellen könnt (nämlich ein Spielbrett, eine lustige Wasserspritze und Mini-Monster). Dazu gibt es Rezepte für Knete oder Malkreide. Die Anleitungen sind sehr leicht nachzumachen.

Simone Wunschel: Einfach nachhaltig basteln • EMF • 128 Seiten • 14,99 Euro

WENIGER IST MEHR

Hier geht es vor allem um Müllvermeidung und Energiesparen. Aber ihr lernt auch, wie man einen eigenen Komposthaufen anlegt, und findet kleine Basteltipps.

100 Dinge, die du für die Erde tun kannst • Schwager & Steinlein • 224 Seiten • 6,99 Euro

ENTDECKEN

Grenzenlose Seiten

DARUM GEHT'S: Die Webseite und App „Pinterest" ist eine der besten Anlaufstellen für alle, die im Internet nach Tipps und Tricks zum Basteln und Upcyceln suchen. Dort pinnen die Nutzerinnen und Nutzer ihre Ideen auf Boards – also Seiten – und inspirieren damit andere. Auch wir bestücken unser Pinterest-Board mit den besten Bastelanleitungen aus den Heften. Schaut doch mal vorbei! Ebenfalls empfehlenswert ist das Board „heimatdinge". Und auch auf Instagram gibt es viel zu entdecken, etwa auf den Profilen „upcyclinglovediy" oder „quer_feld_mein".

DARUM LOHNT ES SICH: Online lässt sich fast alles finden. Aber aufgepasst! Beim Weiterstöbern könnt ihr euch auch schnell verlaufen … In jedem Fall gilt: Schaut euch die Seiten und Apps erst einmal mit euren Eltern an. In der Regel ist auch eine Anmeldung nötig, und die dürfen nur Erwachsene für euch erledigen.

MITMACH-TIPP

Gemeinsam stark

DARUM GEHT'S: Es müssen nicht immer Pinsel, Schere und Klebstoff sein! Wenn ihr so richtig loshämmern, -sägen und -feilen wollt, besucht doch mal einen Bauspielplatz und legt selbst Hand an. Dort zimmert ihr aus alten Brettern kleine Hütten oder große Klettergerüste.

DARUM LOHNT ES SICH: In fast jeder Stadt gibt es einen Bauspielplatz. Erkundigt euch, schnappt euch eine Freundin oder einen Freund und schaut einfach vorbei!

AUSSTELLUNGS-TIPP

Bloß kein Müll!

DARUM GEHT'S: Upcycling ist toll! Aber im Idealfall würden wir überhaupt keinen Müll verursachen. Im Alltag ist das kaum möglich – in einem Kunstprojekt hingegen schon. Gezeigt wird die „Zero Waste Art" (auf Deutsch: „Null-Abfall-Kunst") derzeit in einigen deutschen Bahnhöfen.

DARUM LOHNT ES SICH: Wohnt ihr in München, Kassel, Mannheim, Nürnberg, Halle (Saale) oder Berlin? Dann schaut euch die Kunstwerke an und lasst euch inspirieren!

Termine und Infos: www.zerowasteart.de

GEOlino EXTRA Fotos: PR; Karsten Schoene/laif (r. o.); Mosaik Management (r. u. r.); shutterstock (Beiwerk)

VORSCHAU

Das nächste Heft erscheint am **14. Juli 2021**

Die gute Nachricht: Es gibt wieder mehr **Tiger** in Indien. Die schlechte: Seitdem treffen Mensch und Raubkatze oft aufeinander – manchmal mit fatalen Folgen

Laternen und Leuchtreklamen sind für **Nachtfalter** tückische Todesfallen. Wir zeigen, was sich gegen die sogenannte Lichtverschmutzung tun lässt

BEDROHTE ARTEN

Eine Million Arten sind weltweit vom **Aussterben** bedroht. Eine Million! Wie überwältigend diese Zahl ist, zeigt ein Vergleich: Gerade einmal zwei Millionen Arten sind überhaupt beschrieben und benannt. Auch wenn es noch viele unentdeckte gibt: Wir müssen handeln. Jetzt. Aber wie? In unserer neuen Ausgabe stellen wir Menschen vor, die für den Erhalt von Tieren und Pflanzen kämpfen. Wir gehen der Frage nach, ob auch lästige Insekten wie **Mücken** schützenswert sind, und begeben uns im Comic mit unseren Doppel-X-Agenten auf die Spur von Tierschmugglern. Und wir klären natürlich, wie es in der Erdgeschichte immer wieder zu **Massenaussterben** gekommen ist. Also, schaut ins Heft und vor allem: Packt mit an!

Auch mit DVD erhältlich!

GEOlino EXTRA Fotos: shutterstock (l. o., l. u., r. m., Beiwerk); Wilma Leskowitsch für GEOlino EXTRA (r. o.); AP/picture alliance (r. u.)